Architektur in Schleswig-Holstein
1900–1980

10,— 19.80
3.80

Architektur
in Schleswig-Holstein
1900–1980

Zusammengestellt von
Hartwig Beseler
Klaus Detlefsen Kurt Gelhaar

Wachholtz

Vorbemerkung der Herausgeber

Die Herausgabe erfolgt mit Unterstützung und Förderung durch den Landesverband Schleswig-Holstein des BDA, der Architektenkammer Schleswig-Holstein und das Landesamt für Denkmalpflege.

Die aus dem zur Verfügung stehenden Material ausgewählten Beispiele stellen – das gilt speziell für die letzten zehn Jahre – einen charakteristischen Querschnitt durch die Architektur in Schleswig-Holstein dar und ließen sich auch um weitere Bauten ergänzen. Ein großer Teil der abgebildeten Bauten entstand unter Mitwirkung von qualifizierten Mitarbeitern der Architekten, die nicht alle im einzelnen genannt werden konnten.

Die Titel der Architekten und Angaben über die Mitgliedschaft im BDA erscheinen nicht im Text, sind aber im Architektenverzeichnis im Anhang zu finden.

Umschlagentwurf: Design-Gruppe Nord, Kiel

ISBN 3 529 02660 3
© Alle Rechte vorbehalten
Karl Wachholtz Verlag, Neumünster 1980

Vorwort

Mit dem vorliegenden, zum ersten Mal erscheinenden „Architekturführer
Schleswig-Holstein" wird ein Zeitraum der Baukunst behandelt, der die Bauten seit
der Jahrhundertwende bis zur Gegenwart umfaßt.

Dieser Zeitraum ist nicht willkürlich abgesteckt, sondern belegt im wesentlichen die
Zeit, in der die sogenannte moderne Architektur in Europa begann und sich
ausbreitete. Dennoch gibt der Architekturführer keine Beispielsammlung der
modernen Architektur schlechthin: Schleswig-Holstein – bis 1945 preußische
Provinz – stand seit jeher an der Peripherie geschichtlichen Geschehens und damit
auch am Rande der kulturellen Zentren, am Rande mitteleuropäischer Entwicklung.
Diese Randlage hat zweierlei Auswirkungen auf die Baukunst des Landes gehabt:

– Die Gedanken der modernen Bewegungen – Jugendstil, Bauhaus, internationaler Stil – werden in Schleswig-Holstein verspätet und zögernd, in gewisser
   Hinsicht nur oberflächlich rezeptiv verarbeitet;

– die regional bestimmte Charakteristik schleswig-holsteinischer Architektur wird
   nicht entscheidend verändert.

Das Ergebnis ist im wesentlichen Kontinuität, anknüpfend an die Zeit um 1800 als
einer Zeit der „letzten guten Überlieferung". Hieraus beantwortet sich die Frage,
welchen Charakter die schleswig-holsteinische Architektur besitzt und woher der
Regionalismus seine Quellen nimmt.

Von erster Wichtigkeit – das gilt allgemein für die Baukunst – ist die Verfügbarkeit
des Baumaterials. Schleswig-Holstein, wie überhaupt Norddeutschland, besitzt kein
natürliches Steinvorkommen, wenn man einmal von den eiszeitlichen aus dem
Norden „importierten" Granitfindlingen absieht. Als Baustoff kommt daher – neben
Holz – seit dem Mittelalter überwiegend der künstliche Backstein zur Anwendung.

Der Backsteinbau zeichnet sich durch das Bestreben aus, die künstlerische
Formgestaltung in enge Beziehung, ja sogar Abhängigkeit, zu den technischen
Möglichkeiten zu bringen. Daraus ergibt sich, daß im Backsteinbau nicht nur der
Baukörper folgerichtig aus dem kleinen rechtwinkligen, spröden Kunststein
entwickelt wird, sondern ihm auch eine äußere Ornamentik verliehen wird, die sich
wiederum sinnvoll aus dem Stoff und aus dem Baukörper ergibt. Die gesamte
Formgestaltung der norddeutschen Backsteinbaukunst trägt infolge der engen
Abhängigkeit vom Baustoff und der Rücksichtnahme auf die technischen
Gebundenheiten ein spezifisches Gepräge, dessen gestalterische Grundprinzipien
sich bis ins Mittelalter hinein zurückverfolgen lassen. So konnten üppige

Formenphantasien etwa in der Zeit des Jugendstils einerseits, wie auch die glatte Maschinenästhetik der zwanziger Jahre andererseits, kaum Raum in diesem Lande gewinnen, von einzelnen Beispielen einmal abgesehen. (Für die Maschinenästhetik wäre das Haus Schroeder in Heikendorf bei Kiel, Beispiel 104, zu nennen.)

Neben der Verfügbarkeit des Baumaterials prägt das landschaftliche Umfeld den Charakter der Baukunst: Schleswig-Holstein ist auch heute noch überwiegend Agrarland. Zwar begegnen wir in einigen wenigen Zentren den städtischen Strukturen des Industriezeitalters – vor allem in Kiel und Neumünster mit entsprechenden Großbauten –, doch überwiegend sind die Bauaufgaben des Landes dem ländlichen oder kleinstädtischen Rahmen eingeordnet. Dies hat sich bis in die Gegenwart kaum geändert. So finden sich im Architekturführer nur einige Beispiele wirklicher Großbauten der Verwaltung oder anderer Sparten und wenige Industriebauten. In der weiten Landschaft indessen begegnen wir einer eher schlichten Baukunst, die der ländlichen Tradition der Ebene verhaftet ist. Begriffe wie ,,landschaftsgerechtes Bauen" wurden in Heimatvereinen seit der Jahrhundertwende gepflegt und in Programmheften als Lob des Einfachen und des Natürlich-Schönen verbreitet. Gefordert wurde in diesen Programmheften für die Baukunst handwerkliche Solidität, Einheitlichkeit, Materialgerechtigkeit, Würde und Poesie. Man knüpfte hier bewußt an die Traditionen einer Zeit vor dem Historismus an und betrachtete die historisierenden Bauten der preußischen Verwaltung genauso als Überfremdung wie die wuchernde überregionale Bebauung der Seebäder an Nord- und Ostsee mit ihrer den Bürgerhäusern der städtischen Entwicklung des späten 19. Jahrhunderts entnommenen Formensprache. Hierin liegt die Bedeutung der Heimatvereine für die Baukunst: Sie regten für das Land eine neue Sensibilität für die eigene Tradition an, die bis in die Gegenwart wirksam ist.

Die deutsche Architekturlandschaft hatte sich unterdes um die Jahrhundertwende gründlich gewandelt. Die maßgebenden Architekturzentren, bisher Berlin und Hannover als Zentren des Historismus, verlagerten sich nach Süddeutschland. Norddeutschland blieb in diesen Jahren der Wende ohne stilbildenden baukünstlerischen Mittelpunkt. An den süddeutschen Bauschulen fand man dagegen einen nahezu fugenlosen Weg von anfangs neoromanischer Monumentalität über den Jugendstil zur bald herrschenden neubarocken bzw. barockklassizistischen Monumental-Architektur. Diese süddeutschen Zentren bildeten einen Anziehungspunkt gerade für die jungen schleswig-holsteinischen Architekten, wie Prinz, Theede, Garleff, Mannhardt, Stoffers oder Stav, weil sie am ehesten der schleswig-holsteinischen Bautradition entsprachen. Diese Architekten empfingen n Süddeutschland die Fähigkeit, die entscheidenden Gestaltungsprinzipien des neubarocken Monumentalbaus:

–   Konzentration auf das Wesentliche, möglichst blockhaft geschlossene Baukörper und entsprechend raumhaltige ungeteilte Dachkörper, Beschränkung der Ornamentik auf das Typische usf.

auf die heimischen Erfordernisse im städtischen und ländlichen Bauen zu übertragen. Das war von entscheidender Bedeutung für die nordelbische Architektur dieser und der nachfolgenden Jahre: Der abgeklärte neubarocke Stil verband sich nahtlos mit den Regionalismen der durch die Heimatvereine gepflegten und geforderten Architektur und konnte deshalb den Ersten Weltkrieg überdauern. Er blieb in seinen bedeutenden Beispielen bestimmend bis in die vierziger Jahre, während die Vorbilder der zwanziger Jahre kaum Einfluß gewannen. (Bedeutendster Zeuge der Moderne dieser Zeit ist das Kuhhaus Garkau von Hugo Häring. Beispiel 57.)

In der Aufbauphase nach dem Zweiten Weltkrieg tritt die alte Architektengeneration der süddeutschen Schule mehr und mehr in den Hintergrund. Die Architekten der Zeit nach 1945 kommen nun überwiegend aus den Hochschulen Braunschweig und Hannover, in denen zunächst auch skandinavische Einflüsse verarbeitet werden. In diesem Zusammenhang ist allerdings zu bemerken, daß das Nachbarland Dänemark mit seinen feinen, anspruchslosen Schöpfungen nur wenig direkten Einfluß auf die Architektur in unserem Lande ausübte, wohl auch als Ausdruck einer historisch-politischen Einstellung.

Die ersten Nachkriegsjahre zeigen in den Schöpfungen der Architektur in Schleswig-Holstein eine gewisse Unsicherheit und damit einen Mangel an Geschlossenheit. Zwar herrschte weiterhin der Backstein als bevorzugtes Baumaterial vor, aber der eigene Stil, der die Kraft und den Ausdruck der Vorkriegsgeneration auszeichnete, wird nur zögernd gefunden. Während in die sechziger Jahre hinein eine Angleichung an den internationalen Stil zu bemerken ist mit einem deutlichen Ausdruck von Modul und Raster, einfachen rechtwinkligen Baukörpern und flachem Dach, gewinnt in den siebziger Jahren wieder eine Hinwendung zu einer vielfältigen Formgestaltung mit deutlicher Anknüpfung an die Tradition des Landes Raum.

Die dem Backstein immanenten Möglichkeiten werden in den siebziger Jahren voll ausgeschöpft und führen zu einer neuen Mannigfaltigkeit der Formen. Bisweilen spiegeln die Bauten die Trends der zeitgenössischen Architektur, vor allen Dingen Englands, wider, gelangen jedoch durch den heimischen Backstein zu einem sehr spezifischen Stil mit einem beachtlichen und verbreitet hohen Niveau. So zeigen die letzten Bauten am Ende der siebziger Jahre wiederum eine Gemeinsamkeit, die die Landschaft und Herkunft nicht verleugnet: eine regional bestimmte, jedoch durchaus eine Architektur unserer Zeit.

Der Architekturführer soll den Fachmann wie den interessierten Laien zu den wesentlichen Bauten der Zeit nach 1900 begleiten. Er möchte anregen zu Vergleichen und damit auch beitragen, Qualität zu erkennen und bewußter zu machen.

Rüdiger Hoge

1

Wyk auf Föhr
(Kr. Nordfriesland)
Nordseekurhof, Gmelinstraße

Baujahr 1898–1906
Architekt: August Endell
Bauherr: Dr. med. Karl Gmelin

Auf einer ca. 10 ha großen Heidefläche unmittelbar am Südstrand von Wyk 1898 Gründung eines Sanatoriums nach den seinerzeit modernsten Erkenntnissen der Meeresheilkunde. Locker verteilte Baugruppen im lichten, parkartig aufgeforsteten Gelände. Das Hauptgebäude (1898 vollendet) in Backstein mit reicher Dachausbildung und bemerkenswerter Jugendstilornamentik außen. Innen purifiziert. Pionierbau des Jugendstils, gleichzeitig mit Endells – zerstörtem – Atelier „Elvira" in München.

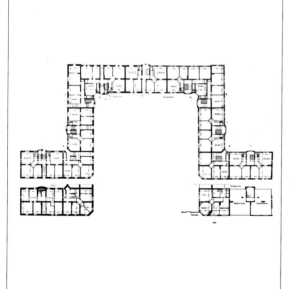

Kiel-Gaarden
Kruppsiedlung, Ostring

Baujahr 1900–1901
Architekt: Robert Schmohl
(Kruppsches Baubüro)
Bauherr: Friedrich Krupp, Essen

Hufeisenförmiger Wohnblock für
58 Familien als Kernstück eines
für Arbeiter der Kruppschen Ger-
maniawerft nach einheitlicher
Planung in Werftnähe erschlossenen Baugebiets. Lebhafte Fassadengliederung durch Vor-
sprünge, Türme, Dachmodula-
tion und den Wechsel heller
Putzflächen mit Ziegelbändern
und -feldern macht im Äußeren
die bewußte Abkehr von der
Mietskaserne deutlich.

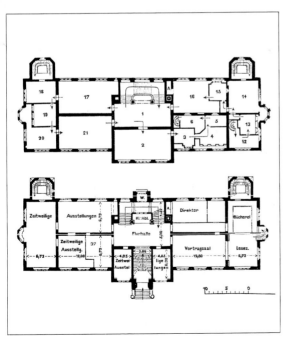

Flensburg
Städtisches Museum,
Lutherplatz 1

Baujahr 1900–1903
Architekt: Karl Mühlke
Bauherr: Stadt Flensburg

Erbaut als Kunstgewerbe-
museum (mit angeschlossener
Schnitzschule) auf dem baumbe-
standenen Steilhang der Förde.
Der repräsentative Baukörper in
Formen der flandrischen Renais-
sance beherrscht die westliche
Stadtsilhouette. Nicht zum Zuge
kam durch Verzicht auf die axiale
Hangtreppe der städtebauliche
Bezug über die Rathausstraße
zum ehemals gegenüberliegenden Bahnhof. Innen aufwendiges,
wenngleich beengtes Treppenhaus.

4

Hemmelmark (Kr. Rendsburg-Eckernförde)
Gutshof

Baujahr 1901–1904
Architekt: Ernst Eberhard v. Ihne
Bauherr: Heinrich Prinz v. Preußen

Am Seeufer unmittelbar nördlich der Eckernförder Bucht an Stelle eines abgebrochenen bescheidenen Barockhauses neu konzipierte Baugruppe (unter Einbeziehung alter Scheunen) als Wohnsitz für den in Kiel residierenden Großadmiral. Der locker gegliederte Wohntrakt und das Torhaus im Cottagestil; ebenso die Kaminhalle und die Raumgruppierung dem englischen Wohnstil verpflichtet.

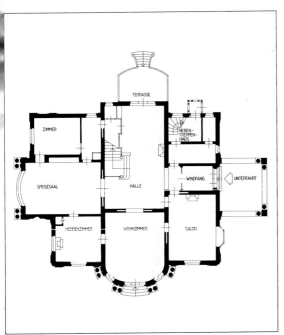

Neumünster
Villa, Parkstraße 11

Baujahr 1902
Architekt: Lundt und Kallmorgen
Bauherr: Friedrich Hanssen

Fabrikantenvilla in ausgedehntem Park. Putzbau mit bevorzugter Fassade: säulenbestückte Halbkreisveranda zwischen reich ornamentierten Giebelrisaliten. Dem aufwendigen barocken Formenapparat entspricht im Innern eine durch beide Geschosse laufende Halle im Landhausstil mit schüchternen Jugendstilanklängen im Holzwerk.

6

Schönningstedt
(Kr. Stormarn)
Bismarcksäule

Baujahr 1903
Architekt: Wilhelm Kreis
Bauherr: Deutsche Studenten-
schaft

Auf dem Hammelsberg am
Rande des Sachsenwaldes zur
Erinnerung an den 1898 im
benachbarten Friedrichsruh ver-
storbenen Reichskanzler errichtet. 19 m hoher stämmiger Turm
aus grob behauenen Granitquadern als Basis eines Beckens für
Gedenkfeuer. Preisgekrönter
Wettbewerbsentwurf 1899
(Kennwort: „Götterdämme-
rung"). Prototyp aller deutschen
Bismarcksäulen.

Heide (Kr. Dithmarschen)
Wasserturm

Baujahr 1903
Architekt: Wilhelm Voigt
Bauherr: Stadt Heide

Unmittelbar östlich des Altstadt-
kerns als wirkungsvoller End-
punkt einer Parkanlage mit Was-
serbecken über hohem Sockel
aus gespaltenen Granitquadern
der sich stark verjüngende Klin-
kerturm mit auskragendem Bas-
sin, bekrönt von kupferbeschla-
gener Haube mit Laterne. Beton-
tes Bemühen um knappe Form
und die Ästhetik des präzisen
Klinkerverbandes: die einzelnen
Steine mit einer Kantenneigung
von 5 % entsprechen dem
Böschwinkel.

Lübeck
Ernestinenschule, Kleine Burg-
straße 24–26

Baujahr 1903–1904
Architekt: Johannes Baltzer
Bauherr: Freie und Hansestadt
Lübeck

An Stelle von drei Barockhäusern
mit Volutengiebeln (Bernstorff-
sche Kurie) ein Ziegelbau, der bei
stärkerer Höhenentwicklung die
leicht gebrochene Bauflucht wieder aufnimmt und den alten
Fassadenaufriß in freier – eher
der niederländischen Renais-
sance zugeneigter – Abwandlung
aufgreift. Insgesamt einfühlsame
Einbindung in die Altstadt: frühe-
stes Beispiel für das Eindringen
des „Heimatschutzstiles" in das
monumentale Bauen Lübecks.

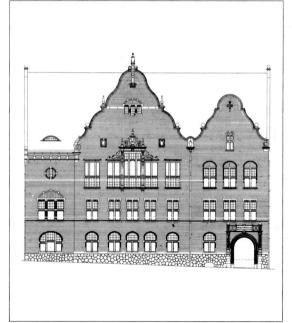

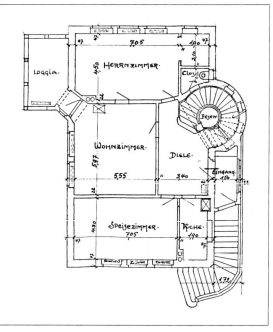

Kiel
Villa, Niemannsweg 127

Baujahr 1904–1905
Architekt: Richard Riemerschmid
Bauherr: Admiral Max Fischel

Am hängigen Waldgelände des
Düsternbrook gelegene großbür-
gerliche Villa. Zweigeschossiger
Putzbau auf hohem granitverklei-
detem Sockelgeschoß, steiles
Krüppelwalmdach. Im Süden ver-
glaste Loggia mit Pultdach, im
Norden wuchtiger Treppenturm.
Innen gutes Jugendstildetail.

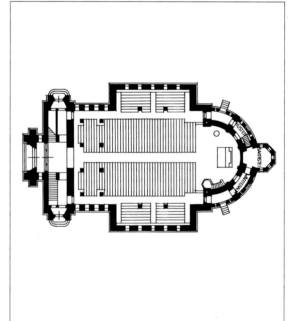

Marne (Kr. Dithmarschen)
Maria-Magdalenen-Kirche

Baujahr 1904–1906
Architekt: Wilhelm Voigt
Bauherr: Ev.-luth. Kirchen-
gemeinde

An Stelle der zu klein geworde-
nen 1904 abgebrochenen Kirche
Backsteinneubau in der Tradition
der hannoverschen Neugotik.
Gedrungener Kreuzgrundriß mit
scheinbarem – im Innern nicht
wirksamem – Chorumgang und
sehr schlankem Westturm;
knappe, stereometrische Formensprache. Der voluminöse rip-
pengewölbte Saal besitzt noch
die ursprüngliche Ausstattung
und Verglasung. Ausmalung erneuert.

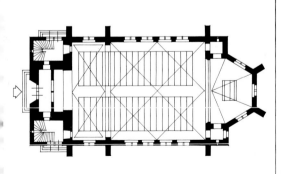

Flensburg
St.-Jürgens-Kirche

Baujahr 1904–1907
Architekt: Oskar Hoßfeld
Bauherr: Ev.-luth. Kirchen-
gemeinde

Als wichtigste Landmarke des
Flensburger Ostufers ragt die
achteckige Spitze des den Eingang bekrönenden Westturms
über die Stadt. Neugotik märki-
scher Prägung bestimmt das bis
auf die geweißten Wandgliede-
rungen schlichte Äußere des
kreuzförmigen Baues klassischer
Tradition. Das Innere ist unter
Netzgewölben zu einem Zentral-
raum zusammengefaßt.

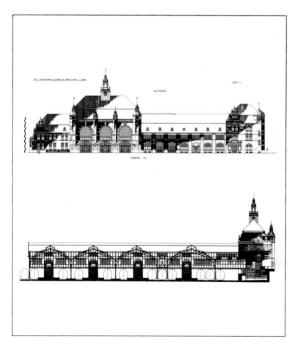

Lübeck
Hauptbahnhof

Baujahr 1904–1908
Architekt: Fritz Klingholz,
Wilhelm Glogner
Bauherr: Lübeck-Büchener-
Eisenbahn-Gesellschaft

Ersatzbau für den alten, die
Stadtentwicklung einengenden
Bahnhof unmittelbar nördlich des
Holstentores. Das Empfangsgebäude, Ziegel mit Sandsteinglie-
derung, von barocker Monumentalität mit spürbaren Jugendstil-
einflüssen. Festlich das dreifach
wellenförmig geschwungene
Vordach.

Kiel-Wik
Ev.-luth. Petruskirche

Baujahr 1905–1907
Architekt: Curjel und Moser
Bauherr: Reichsmarineamt

Erbaut am Rande des Kasernengeländes als ev. Garnisonkirche mit Pastorat und Konfirmandensaal in städtebaulichem Bezug zum Marinelazarett. Backstein-Saalkirche (1100 Sitzplätze) unter offenem Dachstuhl in Bohlenkonstruktion auf eingezogenen Wandpfeilern. Über der gewölbten Vorhalle der mächtige Turmriegel mit leicht geböschtem Umriß und reicher Maßwerkvergitterung. Eigenwillige Mischung romanischer Stilelemente mit Jugendstilformen.

Grabau (Kr. Stormarn)
Herrenhaus

Baujahr 1906–1908
Architekt: Hermann Werle
Bauherr: Gustav Lahusen

Im weiträumigen Park reich gegliederte Anlage in Muschelkalk.
Das äußere Erscheinungsbild
eine Mischung aus Tudorgotik
und Jugendstilmotiven. Das Innere vom Raumgefühl englischer
Landhäuser geprägt, reich aus-
gestattet mit Stuck, Täfelung,
Mosaik und Glasfenstern.
Im Park neugotische Gutskapelle
(1923!), Muschelkalk, Kreuzrip-
pengewölbe, gleichfalls von
Werle.

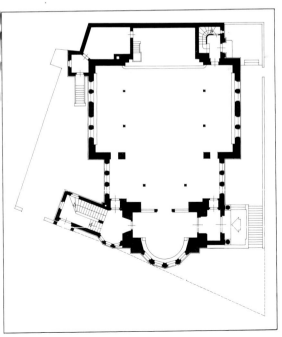

Flensburg
Petrikirche

Baujahr 1906–1909
Architekt: Jürgensen und
Bachmann
Bauherr Ev.-luth. Kirchen-
gemeinde

Geschickt in die Spitze einer
Gabelung zweier ansteigender
Straßen der Neustadt, eines
Erweiterungsgebiets der Jahrhundertwende, komponierter Ziegelbau über kreuzförmigem
Grundriß mit einem als Westrie-
gel ausgebildeten Turm. Innen:
gotisierende Gewölbe, Ausstattung und Verglasung der Erbau-
ungszeit.

16

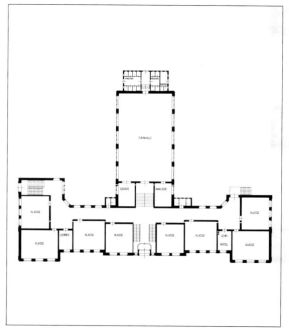

Schleswig
Lornsenschule, Michaelisallee

Baujahr 1906–1909
Architekt: Hans Schnittger
Bauherr: Stadt Schleswig

Als Höhere Töchterschule oberhalb der Michaelisallee am Hang errichteter Ziegelbaukörper barocker Schloßtradition. Im Detail fließen Jugendstilelemente ein, die ihm durchaus eigenständigen Charakter verleihen. Durch Pilaster kräftig reliefierte Schaufassade zum Tal hin. Rückwärts ein Trakt mit Turnhalle und Aula, Jugendstilverglasung.

Neustadt in Holstein
(Kr. Ostholstein)
Landeskrankenhaus, Haus Nr. 1

Baujahr 1907
Architekt: Provinzial-Bauverwaltung
Bauherr: Provinz Schleswig-Holstein

Seit 1893 Einrichtung einer Provinzial-Pflege-Anstalt im parkartigen Gelände einer Halbinsel am Neustädter Binnenwasser. Bemerkenswert die Häuser Nr. 6 (1904–1905), Nr. 1 (1907), Nr. 5 (1911–1912) und der Verwaltungsbau (1914).
Haus Nr. 1: Backsteinbau mit bündigen Putzfeldern unter niedrigem Walmdach mit geschweiften Giebeln und Gauben. Die Südfassade in beiden Geschossen von korbbogigen Arkaden aufgelockert. Innen karg.

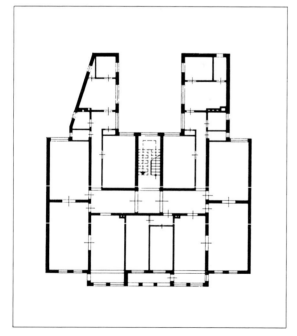

Kiel

Mietshaus „Damperhof", Knooper Weg 51

Baujahr 1907
Architekt: Ernst Prinz
Bauherr: Ludolf Jansen

Großbürgerliches dreigeschossiges Mietshaus an einer Ausfallstraße. Reich ornamentierte
Putzfassade. Unter übergiebeltem Risalit mit Loggien und
Balkons der zentrale Zugang zu
dem sich dahinter in die Tiefe
staffelnden, spiegelbildlich angelegten Doppelhaus. Das Treppenhaus im Jugendstil ausgemalt
und gekachelt.

Lübeck
Wohn- und Geschäftshaus,
Breite Straße 3–5

Baujahr 1907
Architekt: Erich Blunck
Bauherr: Dampfbäckerei Hansa
(Junge)

Dreigeschossiges kombiniertes
Wohn-/Geschäftshaus an der
Ecke zum St.-Jakobi-Friedhof.
Der klare Baukörper mit den zwei
in die gebrochene Dachzone
hineinstoßenden Giebelrisaliten
und knapp vorgewölbten Erkern
besteht bravourös die Nachbarschaft zum ragenden Westturm
der Jakobikirche.

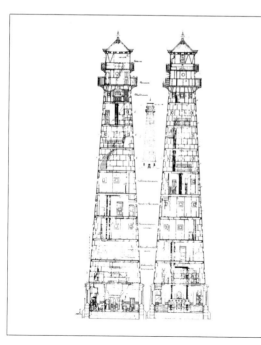

Westerhever (Kr. Nordfriesland)

Leuchtturm „Westerheversand"

Baujahr 1907—1908
Architekt: Wasserbauinspektion Husum
Bauherr: Preuß. Ministerium f. Öffentliche Arbeiten

Errichtet auf einer warftartigen Erhöhung im nordöstlichen Vorland der Halbinsel Eiderstedt als Ansteuerungsleuchtfeuer. Der 40 m hohe, nach oben leicht verjüngte Rundturm ist aus miteinander verschraubten gußeisernen Platten in Segmentbauweise ausgeführt, der Anstrich rot mit weißen Bändern. Zugehörig beidseits zwei einander entsprechende Wohnhäuser.

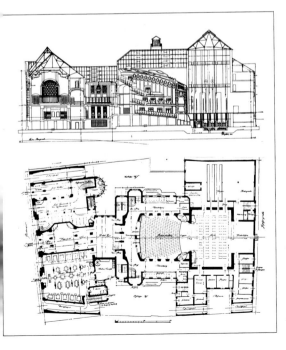

Lübeck
Stadttheater, Beckergrube
10—14

Baujahr 1907—1908
Architekt: Martin Dülfer
Bauherr: Freie und Hansestadt
Lübeck

Der tiefgestaffelte Baukomplex
reicht bis zur rückwärtigen Fi-
schergrube. Bei hoher Qualität an
sich zweifellos durch Abmessun-
gen und Materialwahl (Sandstein)
ein Fremdkörper in der Altstadt.
Der Spannung zwischen den
schweren bossierten Pfeilern,
Fensterschlitzen und dem vom
späten Jugendstil bestimmten
plastischen Detail an der Haupt-
fassade antwortet an der Fischer-
grube eine bemerkenswert zurückhaltende Fassade im Wech-
sel vertikaler Klinker- und Putz-
streifen. Die reiche Jugend-
stilausstattung nur noch teilweise
erhalten.

Flensburg-Mürwik
Marineschule

Baujahr 1907–1910
Architekt: Adelbert Kelm
Bauherr: Reichsmarineamt

Ausbildungsstätte der Marineoffiziere. Am Eingang zur Förde auf dem Ostufer eine ausgreifende, symmetrisch angelegte Baugruppe von 200 m Frontlänge in den Formen ostdeutscher Backsteingotik des Ritterordens. Der zentrale Mitteltrakt mit prächtigem Schaugiebel, turmbekrönt, birgt im Hauptgeschoß den gewölbten Remter.

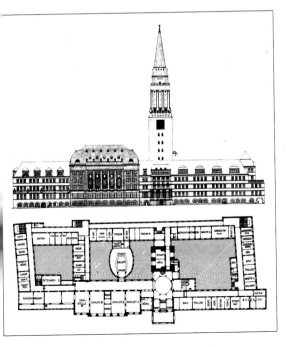

Kiel
Rathaus, Rathausmarkt

Baujahr 1907−1911
Architekt: Hermann Billing
Bauherr: Stadt Kiel

Stark abgewandeltes Ergebnis
eines Wettbewerbs zum Ersatz
für das gotische Rathaus im
Stadtkern. Städtebaulich hervor-
ragende Situation vor der Was-
serfläche des Kleinen Kiel, flankiert vom Theater und von einem
Bankgebäude. Backsteinanlage
um drei Binnenhöfe mit reich
dekorierter Schaufront in Werkstein und einem stadtbildbeherr-
schenden, vom Campanile an
San Marco in Venedig inspirierten
Turm. Im Inneren Rotunden als
zentrale Verteiler, nobler Jugendstil.

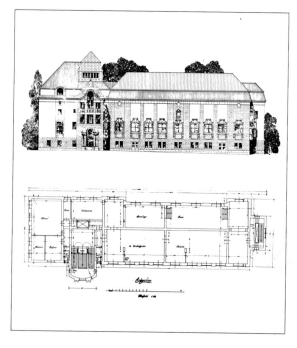

Kiel
Kunsthalle, Düsternbrooker Weg

Baujahr 1908–1909
Architekt: Georg Lohr (Staats-
hochbauamt Kiel)
Bauherr: Universität Kiel

Langgestreckt am Hang über der
Straße gelegener muschelkalk-
verkleideter Baukörper, barocki-
sierendes Oberflächenrelief.
Nach Teilzerstörung im Kriege die
charakteristische schildförmig
vorgewölbte Eingangsfront leider
völlig verändert. Im Vorgelände
zwei ursprünglich den Aufgang
der Außentreppe flankierende
Wisente von August Gaul.

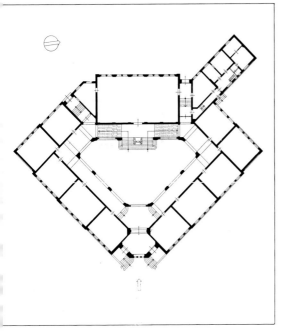

Neumünster
Wilhelm-Tanck-Schule, Färberstraße 25

Baujahr 1908–1913
Architekt: Paul Reese
Bauherr: Stadt Neumünster

Geistreiche Eckbebauung an einer Straßenkreuzung geschlossener Bauweise. Harte, dem Klassizismus entlehnte Gliederungselemente in Klinker bei sparsamer Kunststein- und Putzverwendung. Bemerkenswert die Grundrißlösung mit dem durch zwei Geschosse laufenden, als Aula genutzten dreieckigen Lichthof mit innerer Freitreppe und zwei umlaufenden Galerien zu den Klassenräumen.

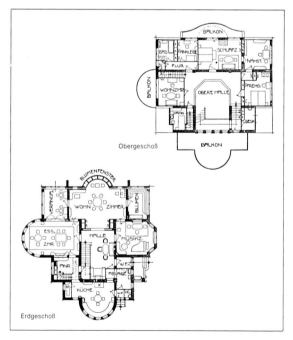

Obergeschoß

Erdgeschoß

Lübeck
Villa Stave, Moltkeplatz 1

Baujahr 1909
Architekt: Hermann Muthesius
Bauherr: Senator Emil Possehl

Industriellenvilla im Landhausstil. Der im Kern kreuzförmige Grundriß im Erscheinungsbild bestimmt durch die sich bei gleicher Firsthöhe schneidenden, zwei Geschosse bergenden hohen Dächer unterschiedlichen Querschnitts. Reich variierte Raumgruppierung um die zentrale Treppenhalle. Hervorragendes Detail.

Kiel
Städt. Schiffahrtsmuseum
Am Wall

Baujahr 1909–1910
Architekt: Georg Pauly
Bauherr: Stadt Kiel

Erbaut als städtische Fischhalle am Binnenhafen, südliche Begrenzung des „Seegartens". Gestreckter Baukörper unter geschweiftem Spitzbogendach. Ziegel mit Sandsteinbändern. Schauseite zum Wasser betont. Motive niederländischen Barocks. An den Längsseiten zugehörige Verkaufsbuden. Die den ganzen Raum ungeteilt füllende Markthalle selber ursprünglich von hölzerner Rundtonne überwölbt. Seit 1978 museal genutzt.

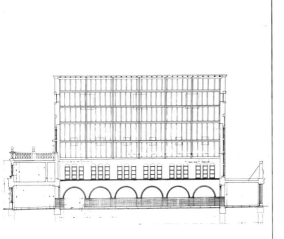

Flensburg
Wohnblock ,,Burghof"

Baujahr 1909–1910
Architekt: Paul Ziegler
Bauherr: August Fürböter

Eingespannt zwischen zwei Stra-
ßenzügen, und von dort beidseits
durch überbaute Durchgänge erschlossen, eine fünfgeschossige
Innenblockbebauung um schmalen Brunnenhof. Malerische
Gruppierung durch Ausnutzung
des Gefälles, Brechung der Fas-
sadenfluchten, Besatz mit Erkern
und lebhaft bewegte Dachzone
verleiht diesem vom Backstein
bestimmten Platzbild ohne
stilistische Anleihen mittelalterliche Atmosphäre.

Eutin (Kr. Ostholstein)

Kreishaus, Lübecker
Straße 37—41

Baujahr 1909—1912
Architekt: Wohlschläger
Bauherr: Großherzogtum Oldenburg

1909—1911 als Regierungspräsidium für den oldenburgischen Landesteil Fürstentum Lübeck errichtet, 1912 Anbau des Flügels für das Amtsgericht. Zweigeschossiges, palaisartiges Gebäude im Altstadtbereich, leicht von der Straße zurückgesetzt. Putzbau mit reicher Sandsteinverwendung. Innen nobles Treppenhaus barocker Grundhaltung mit Jugendstildetail.

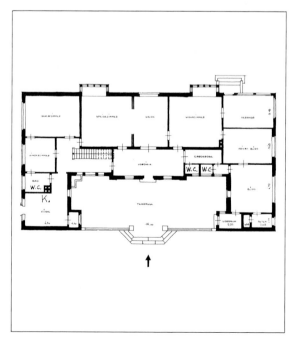

Bordesholm (Kr. Rends-
burg-Eckernförde)
Villa Buchholtz,
Bahnhofstraße 58

Baujahr 1910–1911
Architekt: Ernst Prinz
Bauherr: Paul Buchholtz

Durch einen architektonisch ge-
faßten begrünten Hofplatz von
der innerörtlichen Durchgangs-
straße abgesetzt eine landhaus-
artige Villa. Dreiflügeliger eingeschossiger Backsteinbau mit
übergiebeltem Mittelrisalit.
Knappste Formensprache in Anlehnung an heimische Barocktradition.

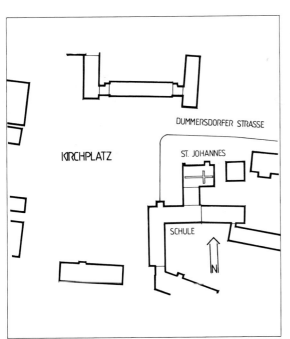

Lübeck-Kücknitz
St.-Johannes-Kirche

Baujahr 1910−1911
Architekt: Karl Mühlenpfordt
Bauherr: Ev.-luth. Kirchenge-
meinde

Das Ortszentrum Kücknitz be-
herrschend auf einem hochgele-
genen Eckgrundstück. Die in
Ziegel mit Zierverbänden aufgeführte lebhafte Winkelgruppe von
Kirche und Schule zusammengefaßt vom massigen Turm. Intime
Vorplatzbildung. Das Innere ru-
stikal und verändert.

SCHULE·IN·KRONSHAGEN·

Kronshagen (Kr. Rendsburg-Eckernförde)
Schule, Kopperpahler Allee 59

Baujahr 1911−1912
Architekt: Johannes Garleff
Bauherr: Gemeinde Kronshagen

Winkelbau, der mit der frei stehenden Turnhalle zur Straße hin einen offenen Schulhof bildet. Backstein. Der zweigeschossige Hauptbaukörper am Obergeschoß durch Steinversatz gefeldert und in der Traufzone durch klassizistisches Ornament bereichert. Der flankierende Wohntrakt mit vorgelagertem Arkadengang auf gemauerten Rundpfeilern, die Turnhalle unter geschweiftem Satteldach zur Straße durch Ziergiebel ausgezeichnet.

Rendsburg
Eisenbahn-Hochbrücke

Baujahr 1911–1913
Architekt: Friedrich Voß
Bauherr: Reichskanalamt

Erbaut im Rahmen der Erweiterung des Nord-Ostsee-Kanals
(1908–1914). Gesamtlänge ein-
schließlich Rampen 7,5 km. Die
eigentliche in Stahlgitterkonstruk-
tion aufgeführte 2,5 km lange
Brücke überspannt in 42 m lichter
Höhe auf eine Länge von 140 m
den Kanal, um auf dem Nordufer
in einer weiten, durch die be-
engten Geländeverhältnisse bestimmten Schleife auszulaufen.
Die elegante filigranhafte Silhouette beherrscht weithin das
Landschaftsbild.

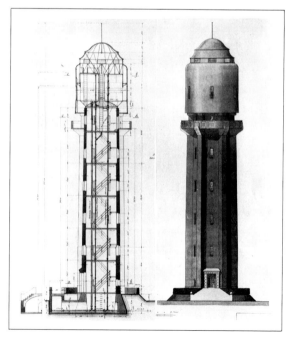

Plön
Wasserturm, Tirpitzstraße

Baujahr 1913
Architekt: Carl Francke
Bauherr: Stadt Plön

Weithin über den Plöner See
sichtbarer, ziegelverkleideter
Rundturm, akzentuiert durch 6
rechteckige strebepfeilerartige
Vorlagen, die auf ausschwingenden Konsolen einen betonierten
Laufgang tragen. Der verschie-
ferte zylindrische Wasserbehäl-
ter mit eigenwiller Bekrönung faßt
150 cbm.

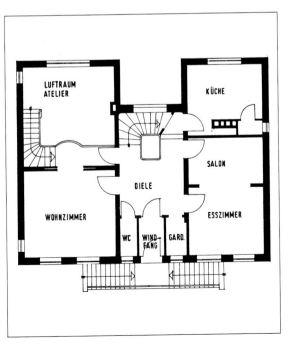

Kiel
Villa Schnittger, Düppelstraße 28

Baujahr 1913
Architekt: Hans Schnittger
Bauherr: Hans Schnittger

Wohnhaus des Architekten mit Atelier. In ruhiger Wohnstraße über hohem Sockelgeschoß kompakter Baukörper unter Mansarddach. In Baumaterial und Detail typischer Vertreter eines die Barocktradition wiederbelebenden Heimatstils.

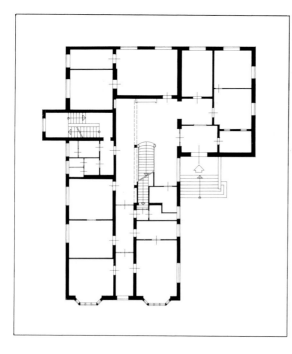

**Bordesholm (Kr. Rends-
burg-Eckernförde)**
Ehem. Kreishaus, Heintzestr. 6

Baujahr 1913
Architekt: Johannes Garleff
Bauherr: Kreis Bordesholm

Zwischen dem ansteigenden
Seeufer und der Hauptstraße
unter geschickter Geländeaus-
nutzung der zweigeschossige
Verwaltungsbau. Die winkelför-
mige Anlage in Ziegel erschlossen durch eine Freitreppe, hinter
der sich eine niedrige Halle mit
der Treppe zum Sitzungssaal im
Obergeschoß entwickelt. Weni-
ger ein anspruchsvoller Verwal-
tungssitz als bescheidenes Land-
haus. Vorzügliches handwerkli-
ches Detail.

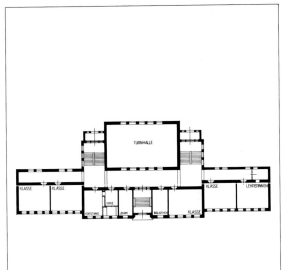

Lübeck
Alte Stadt-Realschule, Falken-
platz

Baujahr 1913
Architekt: Karl Mühlenpfordt
Bauherr: Freie und Hansestadt
Lübeck

Errichtet als Lyzeum (Freesesche
Schule). Dreigeschossiger Zie-
gelbau von 30 Achsen unter
Walmdach bei herausgehobe-
nem Mittelteil. Die Straßenfront
überzeugend gestrafft von den
durchlaufenden Vertikalen der
Mauerpfeiler. Zurückhaltende
Verwendung von Zierkeramik.
Insgesamt von klassizistischer
Strenge, das Innere nüchtern.

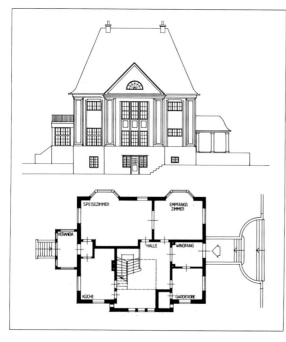

Neumünster
Villa, Marienstraße 22

Baujahr 1913—1914
Architekt: Hans Roß
Bauherr: Fr. Eilers

In einer großbürgerlichen Villen-
straße gelegener Ziegelwürfel
unter Walmdach. Die Wände
durch Vertikalbänder zart belebt,
vor der südlichen Seitenfront zwei
Erkerausbauten. Die verhaltene
barocke Heiterkeit bereichert
durch eine im Einzelnen expressionistisch geprägte Portalum-
rahmung und durch in die Fassade eingelassene großflächige
figürliche Tonreliefs.

Hochdonn
(Kr. Dithmarschen)
Hochbrücke

Baujahr 1913–1920
Architekt: Friedrich Voß
Bauherr: Reichskanalamt

Erbaut im Rahmen der Verbreiterung des Nord-Ostsee-Kanals als Eisenbahnbrücke. Im Verlauf der Rampe wechseln über Gittermasten Fachwerkträger und freigespannte Fahrbahn. Die 42 m hohe Durchfahrt des Kanals überspannt ein portalartig ausgebildeter Schwebeträger. Sparsamste Materialverwendung kennzeichnet die 2,2 km lange Stahlkonstruktion.

Bad Segeberg
Volksbank
Kurhausstraße 1

Baujahr 1914
Architekt: Hans Roß
Bauherr: Vorschuß-Verein im
Solbad Segeberg

Kopfbau im stumpfen Winkel
einer innerstädtischen Straßengabelung. Breitgelagerte Fassade über geschwungenem
Grundriß. Der gestaffelte Baukörper über hohem Quadersockel
steigert sich zum plastisch durch-
gegliederten Mittelrisalit mit be-
krönender Balustrade, hinter
deren vier Monumentalfiguren
von Ludwig Isenbeck, Berlin, der
zentrale Giebel erscheint. Barocke Grundhaltung mit reichem
keramischem Detail des späten
Jugendstils. Getäfelter Kassen-
raum.

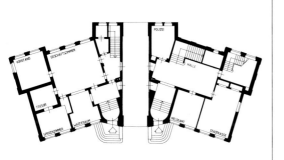

Marne (Kr. Dithmarschen)
Rathaus

Baujahr 1914–1915
Architekt: Carl Mannhardt
Bauherr: Stadt Marne

Gedrungener Ziegelbaukörper über dem Grundriß eines stumpfen Winkels, der von einer monumental überhöhten axialen Tordurchfahrt im Erdgeschoß durchstoßen wird: sie erschließt von der Straße her den Kirchplatz. Die repräsentative Eingangsfront an der Kirchenseite schildartig vorgewölbt und von einem mächtigen Rundbogengiebel bekrönt. Die neubarocke Grundkonzeption im einzelnen sehr eigenständig verwandelt.

42

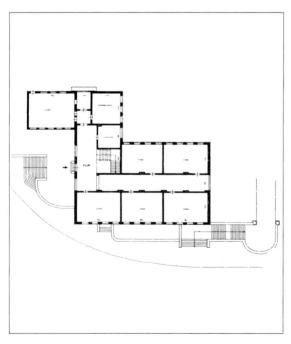

**Kiel-Neumühlen-Dietrichs-
dorf**
Adolf-Reichwein-Schule, Boks-
berg 26

Baujahr 1914-1915
Architekt: Ernst Prinz
Bauherr: Gemeinde Neumüh-
len-Dietrichsdorf

An einer Straßenkurve in stark
hängigem Gelände gelegene be-
herrschende Baugruppe mit ram-
penartig vorgelegten Treppen.
Der flächige Ziegelrohbaukörper
mit bündig sitzenden Zargenfen-
stern gekrönt von lebhaft profilier-
ten Volutengiebeln und eigenwillig gestalteten Gaubenaufsätzer

Flensburg
Goethe-Schule, Bismarckstraße

Baujahr 1914−1919
Architekt: Paul Ziegler und
Theodor Rieve
Bauherr: Stadt Flensburg

Viergeschossige Dreiflügelanlage in Backstein am Rande des
zur Förde hin abfallenden Ost-
hanges. Die hangparallele Breit-
seite der schloßartigen Anlage
geprägt von der aus der Dachfläche herauswachsenden Kuppel,
die den eingebundenen Rundbau
mit der Aula krönt. Im Binnenhof
das als Tempelfront gebildete
barockisierende Hauptportal,
flankiert von rustizierten Arka-
dengängen.

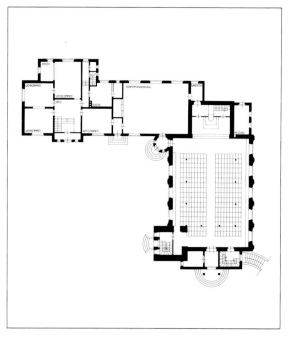

Brunsbüttel (Kr. Dithmarschen)
Ev.-luth. Pauluskirche

Baujahr 1915
Architekt: Ewald Klatt
Bauherr: Ev.-luth. Kirchengemeinde

Mittelpunkt einer gleichzeitig in Verfolg der Erweiterung des Nord-Ostsee-Kanals erbauten Siedlung in dunklem Backstein mit Gliederung durch Rauhputzfelder. In der Spitze einer Straßengabelung wirkungsvoll konzipiert (heute verschleiert durch Baumpflanzungen und ein Ehrenmal) die Kirche mit Flankenturm in gebändigter neubarocker Gestalt mit rechtwinklig anschließendem Konfirmandensaal und Pastorat. Innen in den Einzelheiten verändert.

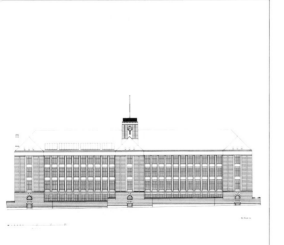

Kiel

Ehemalige Fabrik Bohn & Kähler,
Deliusstraße 20

Baujahr 1915–1916
Architekt: Heinrich Hansen
Bauherr: Firma Bohn & Kähler

Im ersten Weltkrieg als Muni-
tionsfabrik am Stadtrand erbaut.
Um einen rechteckigen Freihof
gruppieren sich der viergeschossige backsteinverblendete Stahl-
betonbau des Fabrikationsge-
bäudes, das eingeschossige
Schmiedehaus längs der Straße,
das rückwärtige Kesselhaus und
die im Äußeren von der Formen-
welt des frühen Klassizismus
geprägte Gießereihalle (letztere
ab 1979 zu Teilen in einen
Gerichtsneubau einbezogen).

Kronshagen (Kr. Rends-burg-Eckernförde)

Mausoleum Martius, Friedhof Eichhof

Baujahr 1917
Architekt: Adolf v. Hildebrand
Bauherr: Prof. Dr. Götz Martius

Auf dem 1900 für die Stadt Kiel angelegten Friedhof Familiengrabstelle des Professor Martius Kuppelbekrönte Bruchsteinrotunde, der eine neoklassizistische übergiebelte Eingangsfron vorgelegt ist. In die flankierende ausschwingenden Mauerzungen eingelassen malerische Flachreliefs (Muschelkalk), der drei Parzen und des Fährmannes Charon.

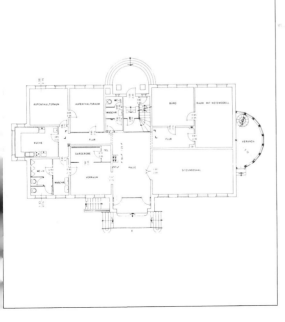

Rendsburg
Verwaltungsgebäude der
Schleswag, Stormstraße 1

Baujahr 1919–1920
Architekt: Fritz Höger
Bauherr: Schleswig-Holsteini-
scher Elektrizitätsverband

In parkartigem Gelände über der
Obereider Verwaltungsgebäude
mit Direktorenwohnhaus als Teil
einer Gebäudegruppe. Zweigeschossig unter Walmdach mit
monumentalisierter Portalanlage,
an der Schmalseite polygonaler
Wintergarten. Hellgefugter Ol-
denburger Klinker in teilweise
reliefartig versetztem, architektonisch strengem Zierverband.

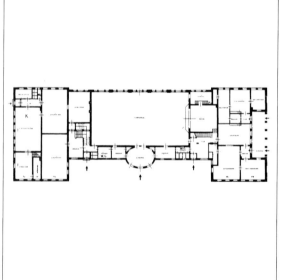

Neumünster-Tungendorf
Volkshaus, Hürsland 2

Baujahr 1919–1922
Architekt: Ernst Prinz
Bauherr: Gemeinde Tungendorf

Dreiflügelanlage im Charakter
eines kleinen barocken Herren-
hauses. Unter dem Dach des
Putzbaus vereint die Gemeindeverwaltung (rechts), ein Jugendheim (links) und im zentralen
Verbindungstrakt hinter ovaler
Vorhalle die Turnhalle mit Bühne.
Der Verwaltungstrakt betont
durch eine eingezogene Pfeiler-
halle in der Flanke. Konzipiert als
Backsteinbau, jedoch auf Grund
der Wirtschaftslage in verputztem
Kalksandstein ausgeführt.

Kiel
Wohnbebauung Schülperbaum

Baujahr 1921–1922
Architekt: Architektengemein-
schaft Prinz/Hansen/Stav
Bauherr: Stadt Kiel

Als Sanierungsmaßnahme wurde
ein ganzer Baublock (mit Sand-
kuhle 1–3, Wichmannstraße und
Prüne) neu überplant durch das
Städtische Hochbau- und Siedlungsamt. Traufenständige Reihenhäuser in Ziegel, dem Gelän-
degefälle entsprechend mit versetzten Geschossen. Sparsamste Gliederung, doppelläufige
Beischlagtreppen. Guter Zuschnitt der für die Zeit fortschritt-
lichen Kleinwohnungen.

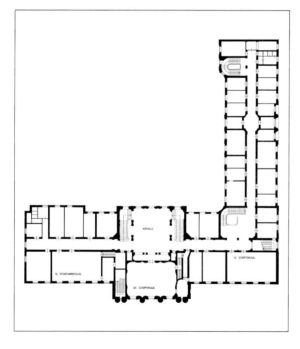

Kiel
Landgericht, Schützenwall

Baujahr 1922–1924
Architekt: Frank Hassenstein
(Bauamt für Justizneubauten)
Bauherr: Staat Preußen

Errichtet als Strafjustizgebäude in
Ergänzung des bereits vor dem
Kriege konzipierten Gerichtsge-
fängnisses. Der in Backstein
ausgeführte viergeschossige
Winkelbau durch die monumentale Eingangsfront ausgezeichnet, deren auf hohem Rustika-
sockel ruhende dorische Tempelfront mit sechs Kolossalsäulen
aus beschlagenem Backstein
schwer auf dem eigentlichen
Eingang lastet. Niedrige wohlpro-
portionierte Eingangshalle.

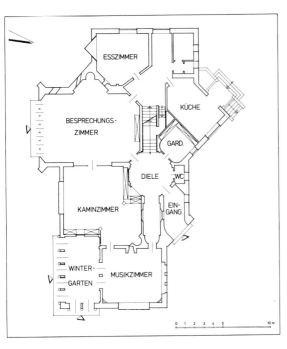

Rellingen (Kr. Pinneberg)
Villa, Hauptstraße 17

Baujahr 1923
Architekt: Hermann Höger (?)
Bauherr: Julius Friedr. Martens,
Hamburg

In großem Parkgelände ein- bzw.
zweigeschossiger Klinkerbau aus
fünf ineinandergeschobenen
Baukörpern. Bei expressionistischer Grundhaltung werden Stilelemente der Gotik, des Klassizismus und des Jugendstils verarbeitet. Der eigenwillig ver-
schachtelte Grundriß innen von
einer kleinen kreuzrippengewölb-
ten Zentralhalle erschlossen.
Reiche Anwendung expressionistischer Holzschnitzerei.

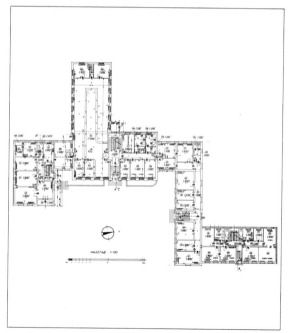

Flensburg
Finanzamt, Duburger Straße
60–64

Baujahr 1923–1924
Architekt: Reichsbauamt
Flensburg
Bauherr: Reichsfinanz-
ministerium

Die dreigeschossige Dreiflügelanlage in Backstein faßte ursprünglich das Finanzamt, das
Reichsbauamt, drei Zolldienst-
stellen und zehn Dienstwohnungen zusammen. Die schloßartige
Baumasse mit herausgehobenem Mittelrisalit, dieser betont
durch Kolossalpilaster und rei-
chere Werksteinverwendung, bildet den wirkungsvollen Abschluß
der ansteigenden Ritterstraße.

Flensburg
Duborg-Skolen, Ritterstraße 27

Baujahr 1923–1925
Architekt: Andreas Dall
Bauherr: Dansk Skole Forening

Dänisches Gymnasium. Asymmetrische Dreiflügelanlage, deren Mittelflügel Teil der stadtbildbekrönenden Gruppe von Großbauten im Bereich der früheren Duburg ist. Der Eingangsfront im Hof eine kreuzgangartige Bogenstellung vorgelegt. Freies Spiel mit romanischen und barocken Stilelementen, phantasievolle Behandlung des Ziegelverbandes.

Niebüll (Kr. Nordfriesland)
Friedrich-Paulsen-Gymnasium

Baujahr 1923–1925
Architekt: Hubert Lütcke
Bauherr: Staat Preußen

Im freien Gelände vor der Stadt gestaffelte Reihung walmgedeckter Ziegelbaukörper von betonter Askese im Detail. Herausgehoben lediglich die zwei Portallösungen hinter eingebundenen Vorhallen mit geistreichem Ziegelversatz.

Flensburg
Hauptbahnhof

Baujahr 1923–1927
Architekt: Friedrich Georg Arnold
Bauherr: Reichsbahndirektion Altona
Erbaut als Ersatz für den Kopfbahnhof in der Innenstadt. Das Empfangsgebäude beherrscht, vermittelt durch großzügige Rampen, eine Parkanlage zur Innenstadt hin. Niedriger Baukörper mit Eckrisaliten unter Walmdach mit Uhrturm. Festliche Gliederung durch Pilaster sowie figürliche und ornamentale Keramik. Synthese barocker und expressionistischer Stilelemente.

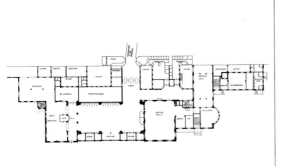

Lübeck
Handelshof (Landesbehörden-
haus), Am Bahnhof 12–14

Baujahr 1924
Architekt: C. Zauleck und
F. Hormann
Bauherr: Firma Paetow und
Stühmer

Der viergeschossige Klinker-/
Backsteinbau, von gebändigtem
Expressionismus geprägt,
schließt wirkungsvoll den Bahn-
hofsvorplatz. Ein niedriger Verbindungstrakt verklammert ihn
geschickt mit dem in Stil und
Material völlig andersartigen älteren Bahnhof. Der Horizontale des
33achsigen Bürohauses wirkt die
lanzettartige Fassung der Fensterachsen des in die Dachzone
hochstoßenden Mittelteils ent-
schieden entgegen.

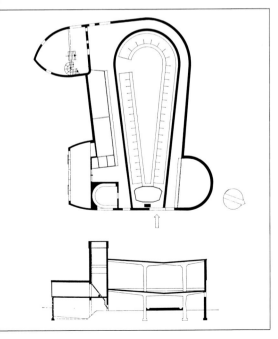

Garkau (Kr. Ostholstein)
Gutshof

Baujahr 1924–1925
Architekt: Hugo Häring
Bauherr: Otto Birtner

Neuanlage eines Gutshofs am
Ufer des Pönitzer Sees. Von der
einheitlich konzipierten lockeren
Baugruppe ausgeführt nur das
Kuhhaus (über birnenförmigem
Grundriß ein zweigeschossiger,
teils klinker-, teils holzverkleide-
ter Zweckbau, 1976 im Innern
leicht verändert, überragt vom
schanzenförmigen Häckseltrich-
ter); rechtwinklig dazu die
Scheune (klinkerverkleideter Ein-
raum unter Spitzbogendach auf
hölzerner Lamellen-Konstruk-
tion) und der Geräteschuppen.
Hauptwerk des organhaft ver-
standenen „Neuen Bauens".

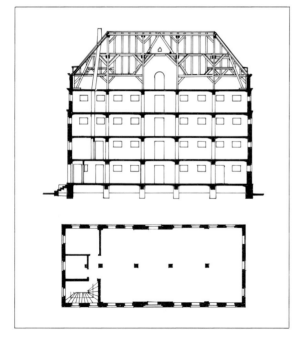

Kiel

Eckmann-Speicher, Eisenbahn-
damm

Baujahr 1924—1925
Architekt: Ernst Stoffers
Bauherr: Firma August Eckmann

Einzelstehender schmaler Back
steinbau zwischen der Kaimauer
des Binnenhafens und dem An-
schlußgleis. Der fünfgeschossige
Körper verjüngt sich über dem 3.
Geschoß stufenweise. Umlaufende Horizontalgesimse wirken
als optische Klammer, die nur
durch den von einem expressionistischen Giebel über dem La-
delukenschlitz auf der Längsseite
durchstoßen werden. Knappste
Durchfensterung.

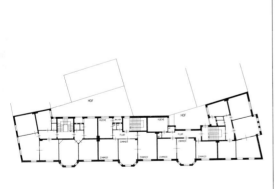

Kiel
Wohnbebauung, Ziegelteich
16–20

Baujahr 1924–1926
Architekt: Willy Hahn (Städt.
Hochbau- und Siedlungsamt)
Bauherr: Stadt Kiel
Im Rahmen früher Altstadtsanie-
rung planmäßige Erschließung
von am Rande des Stadtzen-
trums brachliegenden Flächen.
Bewußter Verzicht auf Höchst-
nutzung. Dreigeschossige trauf-
ständige Mietshauszeile in Ziegelrohbau. Neben dem keramischen Dekor der Haustüren bestimmen die von der Kieler
Kunstkeramik AG (Bildhauer
Mahr) gestalteten Balkonerker
die Flucht der sanft ansteigenden
Straße.

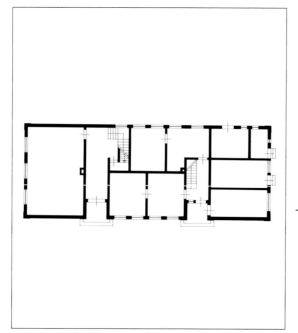

Jarplund (Kr. Schleswig-Flensburg)
Schule

Baujahr 1925
Architekt: Wilhelm Oelker
Bauherr: Gemeinde Jarplund

An der B 76, abgesetzt durch einen Sportplatz, die ursprünglic alleinstehende einklassige Volks schule in Backstein. Durch Zusammenfassung mehrerer Aufgaben unter einem bergenden Walmdach wird ein klarer Baukörper erzielt: die Straßenfront durch zwei zurückliegende Eingänge gegliedert, dazwischen di Lehrerwohnung, seitlich die Klasse und die Schulküche hinte fensterlosen, durch ornamentalen Ziegelverband mit unterschiedlicher Fugenfärbung belebten Mauerscheiben.

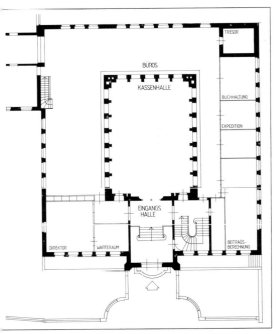

Neumünster

Allianz-Versicherung,
Parkstraße 26

Baujahr 1925−1926
Architekt: Friedrich Wilhelm Hain
Bauherr: Allgemeine Ortskran-
kenkasse

Als Ortskrankenkasse errichtet.
Quadratischer zweigeschossiger
Klinkerbau mit turmartigem Por-
talrisalit. Zartes Wandrelief durch
Entlastungsbögen über den Erd-
geschoßfenstern. Im Innern ursprünglich zweigeschossige Eingangshalle, deren Mitteltreppe in
die zentrale Kassenhalle mit
Oberlicht führt.

Kiel
Dienstgebäude der Wasser-
schutzpolizei, Düsternbrooker
Weg

Baujahr 1925–1926
Architekt: Adelbert Kelm (Marinebauamt Kiel-Wik)
Bauherr: Reichsmarine
Am Fördeufer als Marine-Nach-
richten-Versuchsanstalt für die
Torpedo- und Mineninspektion
errichtet. Das zweigeschossige
Büro- und Laboratoriumsge-
bäude mit ausgebautem Mansarddach betont überhöht durch
Zwerchgiebel an den Längsseiten. Die landseitige Fassade
durch expressionistischen lise-
nenartigen Versatz des Back-
steins bereichert, Belebung durch
allegorische Baukeramik.

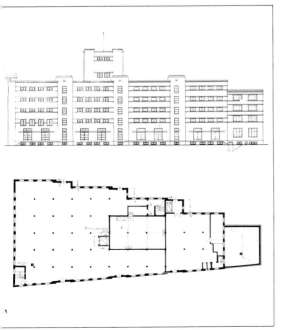

Kiel
Sartori & Berger-Speicher,
Wall 49–51

Baujahr 1925–1926
Architekt: Ernst Stoffers
Bauherr: Hermann Langneß

Das unmittelbar am Binnenhafen
gelegene keilförmige Grundstück
zwischen Kaimauer und dem
Straßenzug „Wall" führte zu
einem fünffach gestuften nach
Süden sich verjüngenden Grundriß, über dem sich fünf Lager-
geschosse und der quadratische
Elevatorturm entwickeln. Die
flachgedeckten Klinkerblöcke mit
schmalen Fensterbändern durch
die schlitzartig zurückgenom-
mene Reihung der Ladeluken
artikuliert.

Reinbek (Kr. Stormarn)
Sachsenwaldschule, Schulstraße

Baujahr 1925–1926
Architekt: Heinrich Bomhoff
Bauherr: Zweckverband Reform-
realgymnasium Reinbek

Zur Straße hin sich öffnende
Dreiflügelanlage, dreigeschossig
in Klinker. Zurückhaltende Verwendung gotischer Motive in
expressionistischer Ausformung
am Aulaflügel. Rückwärtige Turnhalle mit vorgelagertem Arkadengang. Im Erdgeschoß des Aula-
flügels Halle mit keramischen
Wandbekleidungen und Brun-
nennische (Kieler Kunstkeramik)
und Farbverglasung (J. Nickel-
sen, Hamburg).

Kiel
Gewerkschaftshaus, Legien-
straße 22

Baujahr 1925–1926
Architekt: Arnold Bruhn
Bauherr: Gewerkschaftshaus
GmbH

Erweiterungsbau des alten, für
das Revolutionsgeschehen 1918
bedeutsamen Gewerkschaftssit-
zes von 1907. Fünfgeschossiges
Traufenhaus in Ziegelstein. Über
dem ungegliederten Erdgeschoß
ist die Fassade der drei Haupt-
geschosse überzogen von einem
Raster aus Lisenen auf Dreiecksgrundriß und ornamental versetzten bzw. zu Reliefs ausgeschla-
genen Backsteinbrüstungen. Be-
dauerlich der Verlust der Fenster-
versprossung.

Uetersen (Kr. Pinneberg)
Wasserturm, Birkenallee

Baujahr 1925–1926
Architekt: Firma Dyckerhoff &
Widmann, Hamburg, und
Frankenwerke, Bremen
Bauherr: Stadt Uetersen

Ingenieurbau. Frei stehendes
Stahlbetonskelett über achtecki-
gem Grundriß, 39 m hoch. Das
offene Fachwerksystem zusätzlich versteift durch diagonale
Zuganker, die zusammen mit den
gußeisernen Wendeltreppe dem
Turm einen filigranhaften Charakter verleihen. Im ziegelverklei-
deten Obergeschoß unter ge-
schweifter Haube der Wasser-
speicher.

ST. LORENZ-BAD

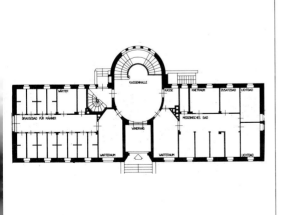

Lübeck
St.-Lorenz-Bad, Katharinen-
straße 65

Baujahr 1925–1926
Architekt: Friedrich Wilhelm Virck
Bauherr: Freie und Hansestadt
Lübeck

Warmbadeanstalt als frei stehender zweigeschossiger Traufen-
bau aus Klinker in einer Wohnge-
gend. Charakteristisch die von
der Nutzung bestimmte knappe
Durchfensterung. Eine kreisför-
mige Verteilerhalle erschließt den
Zugang zu den Badezellen. Innere Keramikauskleidung.

Schleswig

Beamtensiedlung Neustadt.
Bellmann-, Chemnitz-, Fehrs-,
Suadicanistraße

Baujahr 1925–1930
Architekt: Julius Petersen
Bauherr: Stadt Schleswig

Nördlich der Michaelisallee auf
der Hangkuppe neu erschlosse-
nes Wohngebiet mit zweigeschossiger, teils geschlossener,
teils offener Backsteinbebauung
in lebhafter Bewegung der Fluch-
ten und Fronten. Das Achsen-
kreuz der Straßen führt zu reiz-
vollen Platzbildungen, deren eine
beherrscht wird von der Fach-
schule für Sozialpädagogik (ursprünglich Landwirtschaftliches
Seminar; der geplante Wasserturm nicht gebaut) mit Turnhalle.

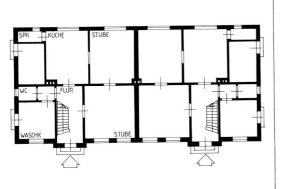

Schleswig
Wohnbebauung Dr.-Kirchhoff-
Platz

Baujahr 1925–1927
Architekt: Ewald Klatt (Provin-
zial-Hochbauverwaltung)
Bauherr: Provinzial Heil- und
Pflegeanstalt

Einheitliche Wohnbebauung für
Bedienstete des unmittelbar benachbarten Landeskrankenhau-
ses. Um einen längsrechtecki-
gen, rotdorngefaßten Anger flankierend je drei eingeschossige
Doppelhäuser in Backstein und
ein siebentes vor Kopf. Gestalterische Berücksichtigung des stark
hängigen Geländes. Jede Woh-
nungseinheit durch einen ein-
gangsüberhöhenden Giebel betont. Liebevolle Variation im Detail.

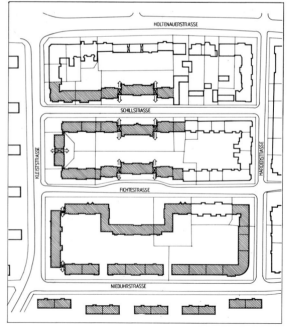

Kiel

Wohnbebauung Niebuhr-/Fichte-/Hardenberg-/Schill-/Kleiststraße

Baujahr 1925–1930
Architekt: Adelbert Kelm (Marinebauamt Kiel-Wik)
Bauherr: Gemeinnützige GmbH. zur Schaffung von Wohngelegenheiten für Reichsangehörige, Berlin

Erschließung eines größeren Areals für Wohnungsbauten von Marineangehörigen. Zwei- bis Dreizimmerwohnungen nach einheitlichem Grundrißschema in halbgeschlossener Bauweise. Durchdringung der axial geordneten Baugruppen mit Vorgärten, weiten Hof- und Trockenplätzen. Betonte Einheitlichkeit der backsteinverblendeten Baukörper bei Variation der Giebelbauten an den Mittelachsen; individuell entworfene baukeramische Fassadengliederung.

Lübeck
Holstenhalle

Baujahr 1926
Architekt: Friedrich Wilhelm Virck
Bauherr: Freie und Hansestadt
Lübeck

Errichtet als Ausstellungshalle
anläßlich der Feier zur 700jähri-
gen Reichsfreiheit Lübecks 1926
als südliche Begrenzung des
Holstentor-Vorgeländes, zu-
gleich als erste Stufe eines nie zu
Ende geführten städtebaulichen
Konzepts. Langgestreckte ungeteilte Halle unter einer Reihe
unverkleideter, unmittelbar vom
Boden aufsteigender hölzerner
Spitzbogenbinder. Außenver-
blendung in Ziegel mit Treppen-
giebeln vor den Schmalfronten.

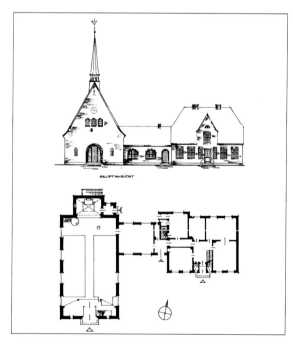

HAUPTANSICHT

Pahlen (Kr. Dithmarschen)
Dankeskirche

Baujahr 1926
Architekt: Hans Schnittger
Bauherr: Ev.-luth. Kirchenge-
meinde

An der Grenze zweier auseinan-
dergezogener Dorflagen auf
baumbestandener Wiese die
Winkelanlage von Kirche, Konfirmandensaal und Pastorat in Ziegelstein. Der Kirchenraum, ein
Saal mit bemalter Balkendecke
und eingezogenem Kastenchor,
der Konzeption nach fallweise
erweiterbar durch Einbeziehung
des Komfirmandensaals. Die
schlichte Baugruppe eine bemer-
kenswerte Lösung einer zeitge-
mäßen Dorfkirche.

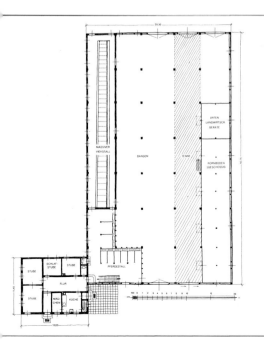

Sönke-Nissen-Koog (Kr. Nordfriesland)
Siedlerhöfe

Baujahr 1926
Architekt: Heinrich Stav
Bauherr: Deichbaugenossen-
schaft Sönke-Nissen-Koog
GmbH

Im 1921/26 neu eingedeichten
Koog von 1200 ha einheitliche
Bebauung nach reformerischen
Gesichtspunkten. Eine Reihe
einander ähnlicher Gehöfte in
baugrundbedingter Leichtbau-
weise: je ein mächtiges Wirt-
schaftsgebäude in Holzkonstruktion mit hellgestrichener Stahl-
blechverkleidung unter blechbe-
decktem Krüppelwalmdach faßt
Stallung, Scheune und Schuppen
zusammen; ihm jeweils in unterschiedlicher Art verbunden das
kleine Wohnhaus als verputzter
Massivbau.

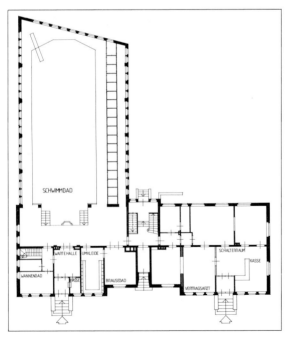

Uetersen (Kr. Pinneberg)
Ortskrankenkasse mit Hallenba
Kleiner Sand 51–53

Baujahr 1926
Architekt: Klaus Groth
Bauherr: Allgemeine Ortskran-
kenkasse

Geschickt in die Straßenzeile
eingebunden die in zwei vorge
zogene horizontal gegliederte
Risalite mit flach zurückgesetz
tem Wohnteil aufgespaltene Kli
kerfassade. Schwimmbad und
Bürotrakt zur Straße hin mit
eingezogenen Freitreppen völl
gleichartig, während sich der
eigentliche Schwimmhallenbe-
reich nach hinten hin erstreckt
und nur von der Seitenfront he
erlebbar wird (heute verbaut).

Lübeck
Stadtbibliothek, Hundestraße
5–7

Baujahr 1926–1927
Architekt: Friedrich Wilhelm Virck
Bauherr: Freie und Hansestadt
Lübeck

Eingebunden in eine Altstadt-
straße mit Traufenbebauung.
Klinkerfassade. Die Fenster des
Haupt- und Obergeschosses zu-
sammengezogen durch lisenen-
artige Pfeiler über Dreiecksgrundriß. Ovales Treppenhaus
zum getäfelten Lesesaal mit steilen dreigeteilten Fenstern, Holz-
galerie und allegorischen Wand-
bildern von Erwin Bossanyi 1926.

Kiel
Landwirtschaftskammer,
Holstenstraße 106–108

Baujahr 1926–1927
Architekt: Johann Theede
Bauherr: Landwirtschaftskammer
für die Provinz Schleswig-Holstein

Fünfgeschossiges Bürohaus in
Klinker von 26 Fensterachsen,
ursprünglich im Verlauf eines
Straßenzuges, heute als beherr-
schende Platzwand. Bei kaum
merklich geschwungener Grund-
linie über der Geschäftszone des
Erdgeschosses kräftige Flä-
chenrhythmisierung durch horizontale Zierverbände zwischen
eingespannten Wandpfeilern
wechselnder Stärke. Beispiel eines gebändigten Klinkerexpres-
sionismus, heute durch Verzicht
auf Fenstersprossen beeinträch-
tigt.

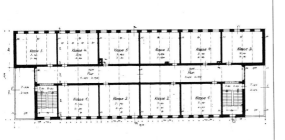

Schleswig-Friedrichsberg

Bugenhagen-Schule, Friedrichstraße 103

Baujahr 1926–1928
Architekt: Julius Petersen
Bauherr: Stadt Schleswig

Als Volksschule für den Stadtteil
Friedrichsberg errichtet, mit betonter Rücksichtnahme auf die
städtebauliche Wirkung von der
Schlei her: silhouettenbestim-
mender Zwillingsdachreiter. Dreigeschossige Klinkeranlage (mit
violetten Fugen!), beidseits Vorhallen zu den durch reiche Fen-
sterschlitze belichteten Treppenhäusern. Rechtwinklig dazu die
Turnhalle als Begrenzung des
Schulhofs.

Neumünster
Wohnbebauung Feldstraße
31—63

Baujahr 1927
Architekt: Paul Reese
Bauherr: Städtischer Wohnungsbau

Die östliche Bebauung dieser
Ringstraße als dreigeschossige
Zeile im Ziegelbau, Ecken und
Mitte risalitartig herausgehoben.
Liebenswerte Mischung von Heimatstil (Beischlagtreppen) und
expressionistischen Motiven (Türen, Erker und Giebel). Spannungsvoller Gegensatz zu der
gegenüberliegenden Straßenseite, die 1928 Carl Lembke
strenger in Klinker aufführte.

Harrislee (Kr. Schleswig-Flensburg)
Kirche

Baujahr 1927–1928
Architekt: Wilhelm Oelker
Bauherr: Ev.-luth. Gemeinde

Isoliert gelegene Dorfkirche. Hinter dem sehr schlichten Äußeren des Backsteinbaus unter Walmdach mit innenliegendem Dachreiter verbirgt sich ein differenzierter flachgedeckter Raum mit Seitenschiffen und halbkreisförmig überkuppelter Altarstelle. Das Detail der Inneneinrichtung ausgesprochen expressionistisch.

Neumünster

Vicelin-Stift, Roonstraße 89

Baujahr 1927–1928
Architekt: Ernst Prinz
Bauherr: Landesverein für Innere
Mission

Ursprünglich noch am Stadtrand
gelegene Vierflügelanlage um
quadratischen Innenhof von der
intimen Atmosphäre mittelalterli-
cher Wohnstifte. Violetter Klinker
mit gelben Ziegelbändern. Der
begrünte Stiftshof dreiseitig von
eingeschossigen Bauten mit Ein-
zelstuben umbaut, zur Straße hin
durch ein expressionistisches
Doppelportal erschlossen. Rückwärts dreigeschossiger Hauptbau mit Glockentürmchen in der
Schräge des Satteldaches.

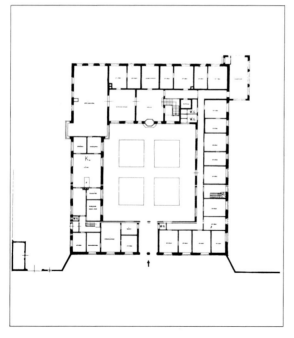

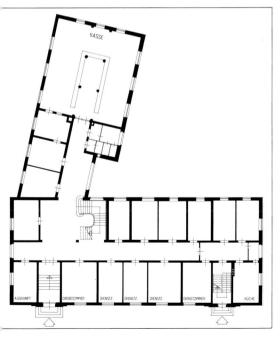

Husum (Kr. Nordfriesland)
Finanzamt,
Herzog-Adolf-Straße 18

Baujahr 1927−1928
Architekt: Wilhelm Penners
(Reichsbauamt Flensburg)
Bauherr: Reichsfinanzministe-
rium
Bildet zusammen mit dem Nis-
senhaus die nördliche Begrenzung des Bahnhofsvorplatzes.
Winkelbau in Klinker. Die Wand-
flächen durch bündige Zierverbände, die Dachschrägen durch
Reihen spitzgiebeliger Gauben
und Zwerchhäuser bereichert.
Vor den Stirnwänden die Trep-
pengiebel mit Windlöchern geistreiche expressionistische Inter-
pretation gotischer Motive.

82

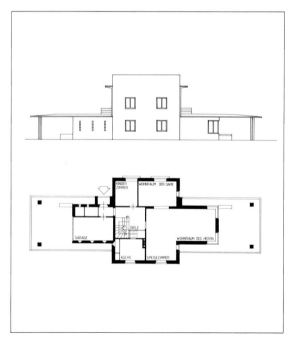

Neumünster-Einfeld
Villa, Seekamp 24

Baujahr 1927–1928
Architekt: Esselmann und
Gerntke
Bauherr: Dr. Bernhard Schmidt

Am Südrand des Einfelder Sees,
abgesetzt vom Dorf auf einer
Anhöhe kubischer Klinkerbau-
körper, flachgedeckt mit hochgezogenen Schildwänden an Stirn-
und Rückseite. Seitlich unter weit
herausgezogenen Vordächern
die niedrigeren, schmaleren
Quertrakte mit Wohnzimmer einerseits und Garage andererseits. Strenge Symmetrie, kristal-
line Form, äußerste Askese im
Detail.

Flensburg
Deutsches Haus, Berliner Platz

Baujahr 1927–1930
Architekt: Paul Ziegler und Theodor Rieve
Bauherr: Stadt Flensburg

Kulturzentrum hart am Südrand der Altstadt, gestiftet vom Deutschen Reich als „Reichsdank für deutsche Treue". Betont kubische flachgedeckte Klinkerbaugruppe mit gebändigtem expressionistischem Detail. Dem monumentalen östlichen Saaltrakt mit vorgesetzter zweischiffiger Wandelhalle schließt sich – verknüpft durch einen Uhrenturm – rechtwinklig der Bibliothekstrakt an. Bedeutender Ansatz moderner Platzbildung.

Laboe (Kr. Plön)
Marine-Ehrenmal

Baujahr 1927–1936
Architekt: Gustav August Munzer
Bauherr: Deutscher Marinebund

An der Einfahrt aus der Kieler
Bucht in die Förde auf dem
Gelände einer geschleiften Befe-
stigungsanlage ein 72 m hoher
Stahlbetonturm mit Klinker- und
Granitverkleidung in Gestalt eines stilisierten Schiffsstevens,
vollendet 1929. In den folgenden
Jahren landeinwärts anschließend ein kreisförmiger Ehrenhof
über unterirdischer Kuppelhalle
und ein Ausstellungsbau.

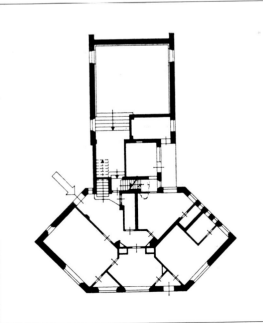

Seebüll (Kr. Nordfriesland)
Wohnhaus mit Atelier

Baujahr 1927–1937
Architekt: Emil Nolde
Bauherr: Emil Nolde

Auf einer einsamen Warft im
Marschgelände nach Plänen des
Malers als Atelier mit Wohnhaus
abschnittsweise erbaut. Der
flachgedeckte Backsteinwürfel
mit erdgeschossigen Anbauten
auf Dreiecksgrundriß ermöglicht
eine raffinierte Folge von Wohn-
räumen, die noch die ursprüngliche kräftige Farbigkeit bewahren.
Nördlich anschließend der gleich-
zeitige zweigeschossige Atelier-/
Galeriebau. Südlich Bauerngar-
ten nach Noldes Planung.

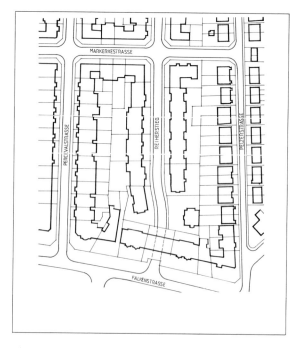

Lübeck
Mietblock Falkenstraße 4—10

Baujahr 1928
Architekt: Carl v. Ladiges
Bauherr: Baugesellschaft mbH,
Lübeck

Axialsymmetrisch angelegter
viergeschossiger, flachgedeckter
Baublock längs einer Ausfallstraße, der den Zugang zum
Reiherstieg überbaut und durch
eine dreigeteilte Durchfahrt erschließt. Beidseits jeweils der
Fensterschlitz eines Treppen-
hauses, flankiert von dreieckig
vorstoßenden Erkertürmen. Ziegel, das Detail expressionistisch.

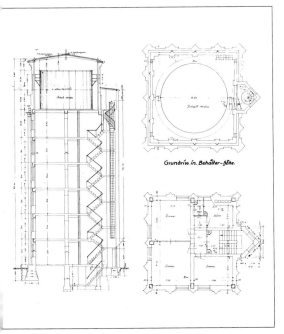

Grundriß in Behälter-Höhe.

Preetz (Kr. Plön)
Wasserturm

Baujahr 1928–1929
Architekt: Peter Giesenhagen
(Stadtbauamt)
Bauherr: Stadt Preetz
Sechsgeschossiger Turm – unter
Einbeziehung von Nutzräumen –
über quadratischem Grundriß,
ziegel- bzw. klinkerverblendet.
Expressionistische Vertikalglie-
derung durch das spitzwinklig
vorkragende Treppenhaus und
umlaufende, übereck gestellte
Lisenen, bekrönt von einem stark
bewegten Gesims, über dem der
schlichter umkleidete Wasserbe-
hälter ruht. Heute genutzt als
Jugendzentrum.

Kiel
Städtisches Altersheim, Westring 288–306

Baujahr 1928–1929
Architekt: Willy Hahn
Bauherr: Stadt Kiel

Im Rahmen der gleichzeitigen Traufenbebauung der neu angelegten Ringstraße dreigeschossige Zeilenbauten in Handstrichsteinen mit Klinkergliederung, durch zwei vorkragende Giebelbauten auf Rundstützen wirkungsvoll akzentuiert. Die Fenster jeweils zu Fünfergruppen zusammengefaßt. Zweibündige Anlage mit kleinen Wohneinheiten unterschiedlicher Größe am Mittelflur.

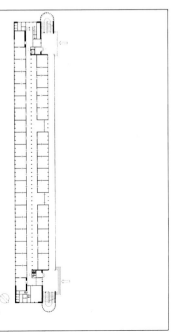

Kiel
Arbeitsamt, Wilhelmplatz

Baujahr 1928—1929
Architekt: Willy Hahn und Rudolf Schroeder
Bauherr: Reichsanstalt für Arbeitsvermittlung und Arbeitslosenversicherung

Die 112 m lange, ursprünglich dreigeschossige Front (roter und gelber Klinker) beherrscht den weiten Platz mit ihren Fensterbändern hinter Außengängen, eingespannt zwischen turmartig hochgezogenen Treppenhäusern. Eisenbeton-Stützenbau auf der Grundlage 1,5 m normalbreiter Arbeitsplätze. Ziel: höchstmögliche Variabilität der Innenorganisation. Ein viertes zurückgesetztes Obergeschoß – nicht ungeschickt – später zugefügt.

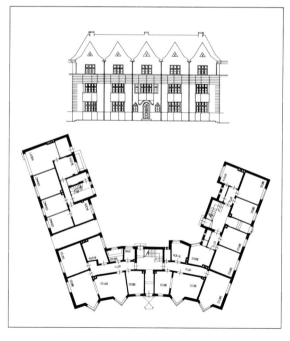

Neumünster

Wohnbebauung Hansaring 3–5,
Ecke Warmsdorfstraße

Baujahr 1928–1929
Architekt: August Silbertoff
Bauherr: H. Böttger

Kopfbebauung zweier spitzwinklig zusammenlaufender Straßen.
Rotbrauner Ziegelstein. Geistreiche Fünfgiebellösung über kon-
kavem Grundriß, bereichert jeweils durch dreieckig vorsto-
ßende Erkerrisalite. Optische Ho-
rizontalverklammerung durch ein
kräftiges Brüstungsband unter
dem 2. Obergeschoß, dem eine
Eckbänderung entspricht. Die
Giebeldreiecke nach Kriegszer-
störung leider nicht erneuert.

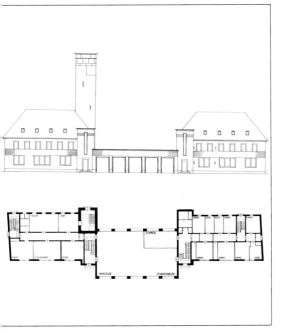

Neumünster
Feuerwache, Schützenstraße

Baujahr 1928–1929
Architekt: Carl Lembke
Bauherr: Stadt Neumünster

Symmetrisch angelegte, stark gegliederte Baugruppe in Ziegelstein: die niedrige flachgedeckte Fahrzeughalle flankiert von zwei zweigeschossigen Wohnbauten unter Walmdächern, beherrscht von der kubisch knappen Form des rechteckigen Schlauchturms mit Flachdach über Kunststeinplattenabschluß. Im übrigen sparsamste Gliederung allein durch gesimsartigen Ziegelversatz.

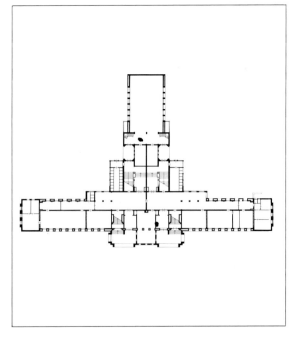

Rendsburg

Christian-Timm-Schule, Kieler Straße

Baujahr 1928–1929
Architekt: H. Höger u. H. Rohwe
Bauherr: Stadt Rendsburg

Aufgesattelt auf vorkragendem Sockelgeschoß mit horizontal verspringendem Klinkerverband und beiderseits eingespannt zwischen ebensolchen lisenenbesetzten Kuben, der breit hingelagerte Backsteinkörper der ursprünglich 16klassigen Mittelschule. Die beiden Eingänge zentral zusammengefaßt unter einer niedrigen, flachgedeckten Vorhalle. Konsequent spiegelbildliche Anlage für Jungen und Mädchen, rückwärtig Turnhalle. Vor der stadtseitigen Schildwand zwischen Ziegellisenen Skulpturenschmuck.

Lübeck

Kaufhaus Klingenberg, Sandstraße 24–28

Baujahr 1928–1930
Architekt: A. Runge und
W. Lenschow
Bauherr: Konsumverein für Lübeck und Umgegend

Der sechsgeschossige Klinkerkörper stößt bugförmig aus dem spitzen Winkel zwischen Sand- und Schmiedestraße auf den verkehrsreichen Klingenberg zu, expressionistisch aufgefaltet in den drei Hauptgeschossen, zurückgestaffelt in der Dachzone. Jüngst schwer verunklärt durch eine ausgreifende Schaufensterzunge und eine einschließende Fußgängerbrücke.

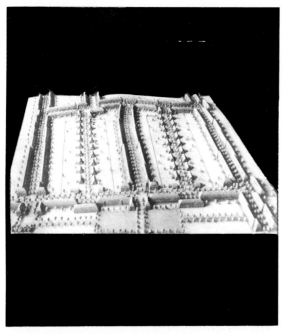

Lübeck, St.-Jürgen-Vorstadt

Wohnbebauung Friedrichstraße

Baujahr um 1928–1930
Bauherr: Bauverein „Selbsthilfe"
e. V., Lübeck
Beidseitige Reihenhausbebauung in Ziegel mit rhythmisch versetzten Baukörpern unter Sattel- bzw. Bohlenbinderdächern, zusätzlich durch Treppenhausrisalite gegliedert. Eingänge und höher gezonte Mittelbauten bereichert durch Klinkersteine in plastischem Versatz.

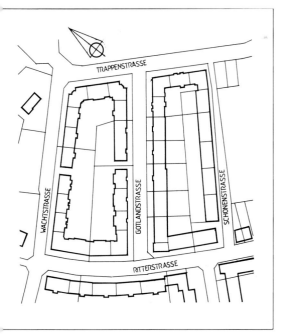

Lübeck
Wohnbebauung Gothland-, Trappen-, Wachtstraße

Baujahr um 1928–1930
Bauherr: Gewerkschaftshaus
GmbH, Lübeck

Baublock in einem neu erschlossenen Gebiet. Dreigeschossige Ziegelbauten mit Klinker-Zierbändern. Die vorherrschende Horizontale durch die Senkrechte der schlitzartig belichteten Treppenhäuser rhythmisiert. Die Blockecken durch expressionistisch ausgeklinkte Ecklösungen mit herausgehobenen Eingängen monumental betont.

Kiel
Provinzial-Versicherung,
Sophienblatt 13—17

Baujahr 1929
Architekt Heinrich Hansen
Bauherr: Provinzial-Versicherung Schleswig-Holstein

Viergeschossiger Klinkerbau mit zurückgesetztem 5. Geschoß. Der vorherrschenden Horizontaltendenz der Bürobauten an dieser belebten Geschäftsstraße wirkt der auf Stützen vorgezogene schmale turmartige Baukörper (mit Haupttreppe und Fahrstühlen) kräftig entgegen. Die sich durchdringenden Baukuber verklammert durch die von Gesimsen optisch zusammengezogenen Fensterbänder. Im Erdgeschoß verändert.

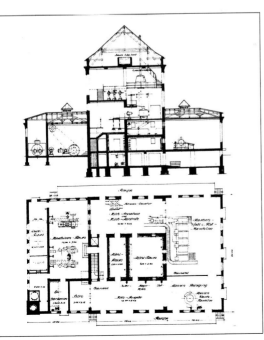

Kiel-Gaarden
Margarinefabrik Seibel,
Schwedendamm

Baujahr 1929–1930
Architekt: Johann Theede
Bauherr: Erste Meierei-Genos-
senschaft GmbH

Unter dem Namen „Milchhof
Kiel" galt diese erste deutsche
Etagenmeierei als Pionierbau.
Der Mittelteil des axialsymmetri-
schen Klinkerbaus ist turmartig
hochgezogen, um die im ober-
sten Geschoß durch Paternoster
angelieferte Milch der Schwer-
kraft folgend in den unteren
Geschossen stufenweise verar-
beiten zu können. Dem Äußeren
verleihen durchlaufende Fenster-
pfeiler und ornamentierte Brü-
stungen den Ausdruck nobler
Sachlichkeit.

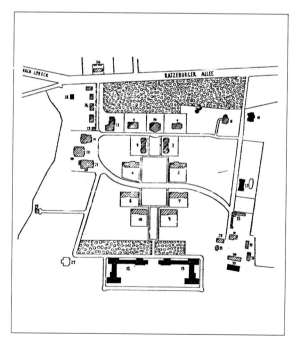

Lübeck
Medizinische Hochschule

Baujahr 1929–1930
Architekt: Eugen Göbel (Baube-
hörde Hamburg III)
Bauherr: Freie und Hansestädte
Lübeck und Hamburg

In Fortführung der 1909–1912
von Karl Mühlenpfordt errichtete
Irrenanstalt (Putzbauten,
symmetrisch einem von einem
Uhrenturm gekrönten Hörsaalgebäude zugeordnet) an einer
Querachse zwei gleichartige,
langgestreckte Klinkerbaukörpe
zwei- bis dreigeschossig, flachgedeckt, für 400 Betten. Die
Treppenhäuser turmartig vorge-
zogen und überhöht. Dort reich
figürliche Keramik. (Bildhauer:
Kuöhl).

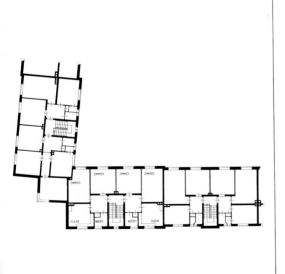

Neumünster
Wohnbebauung Hansaring

Baujahr 1929–1930
Architekt: Carl Lembke
Bauherr: Wohnungsbaugenossenschaft eGmbH Holstein, Neumünster

Der etwas älteren Bebauung der Südseite (von Silbertoff 1928–1929) antwortet im Norden eine einheitliche dreigeschossige Zeilenbebauung in Klinker. Die Strenge der Fassaden lediglich durch Horizontalbänder in plastischem Steinversatz akzentuiert. Zur Werderstraße hin geistreiche Ecklösung sich durchdringender viergeschossiger Flachdachkuben.

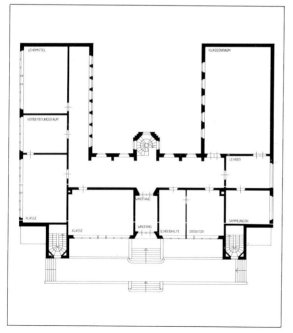

Flensburg
Großhandelshaus EMCONA,
Schleswiger Straße 66

Baujahr 1929–1930
Architekt: Georg Rieve
Bauherr: Kreis Flensburg
Als Landwirtschaftsschule errichtet an der südlichen Ausfallstraße
nach Schleswig. Flachgedeckter,
zweigeschossiger Ziegelbau,
seitlich zusammengefaßt durch
die beiden vorkragenden Treppenhäuser. Die sparsamen Formen werden durch die axiale
Freitreppe zum hochliegenden
Erdgeschoß aufgelockert.

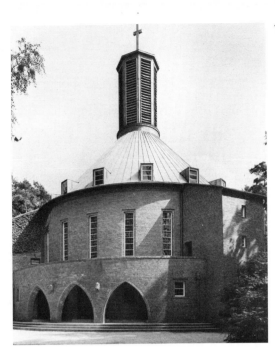

Aumühle (Kr. Herzogtum Lauenburg)
Bismarck-Gedächtniskirche

Baujahr 1930
Architekt: Bomhoff und Schöne
Bauherr: Ev.-luth. Kirchen-
gemeinde

Zylindrischer Zentralbau am Rande eines Waldfriedhofs. Flachgedeckte stützenfreie Rotunde mit nach außen spitzbogig geöffneter Vorhalle zwischen zwei strebepfeilerartigen Treppentürmen. Kegeldach mit Glockenturm in Form einer überhohen Laterne. Eindrucksvoll der straffe Klinkerverband unter Verzicht auf jede ornamentale Bereicherung. Das Innere verändert.

Lübeck
Siedlung Triftstraße

Baujahr um 1930
Bauherr: Gemeinnützige Sied-
lungsgenossenschaft eGmbH

Von drei Baumreihen bestandene
Aufschlußstraße. Reihung zweigeschossiger, flachgedeckter
Ziegelkuben (mit je zwei Wohnungen), verbunden durch zu-
rückgesetzte eingeschossige,
flachgedeckte Schuppen bzw.
Verbindungsmauern. Die Fenster
der Obergeschosse durch plastische Ziegelbänder horizontal verklammert. Sonst äußerste Karg-
heit.

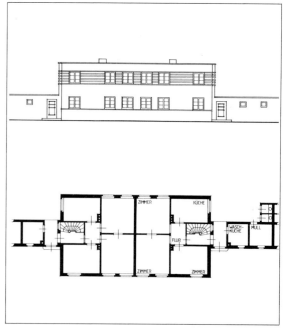

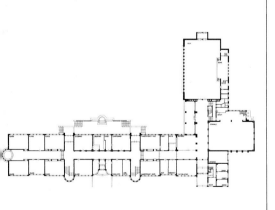

Lübeck, St.-Jürgen-Vorstadt
Klosterhof-Schule, Mönkhofer Weg 95

Baujahr 1931
Architekt: Hans Pieper
Bauherr: Freie und Hansestadt Lübeck

In einer Wohnstraße dreigeschossiger Backsteinbau zwischen halbkreisförmigen Treppentürmen (der eine mit Observatoriumskuppel) und anschließenden zweigeschossigen Klassentrakten. Der eingezogene Mitteleingang mit Klinkergliederung erschließt den Mittelgang. Dort gutes Detail der Klinkerbehandlung und reizvoller Zierfußboden.

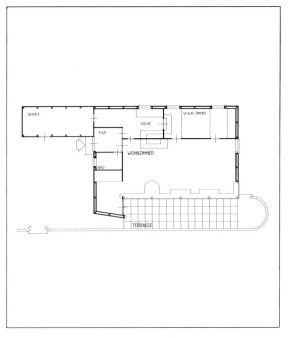

Heikendorf (Kr. Plön)
Villa, Strandweg 48

Baujahr 1931
Architekt: Rudolf Schroeder
Bauherr: Rudolf Schroeder

Unmittelbar am Ostufer der Kiele
Förde im überschwemmungsge
fährdeten Gebiet das bungalow
artige kleine Wohnhaus des
Architekten. Dem in Leichtbau-
weise ausgeführten eingeschos
sigen, flachgedeckten, weißver-
putzten Baukörper mit durchlau
fendem Fensterband an der Was
serseite ist ein seitlich kurvig
geschlossener Balkon – zugleic
Hochwasserschutz – vorgelegt
mit einem Dach gleichen Grund
risses, beide durch eine durch-
schießende Fahnenstange als
Architekturelement verknüpft.

Eckernförde
Getreidesilo, Frau-Clara-Straße

Baujahr 1931
Architekt: Heinrich Hansen
Bauherr: Firma Chr. Sieck

Der mächtige Backsteinzylinder
unmittelbar am Ufer beherrschte
das Bild des Binnenhafens, bis
neue Baukörper weit geringeren
Gestaltungsanspruches ihn über-
trumpften. Drei aufeinanderge-
türmte Zylinder bilden den Kern.
Dem achtgeschossigen Sockel-
zylinder ist in ganzer Höhe ein
Verladeriegel vorgesetzt, beide
optisch verklammert durch faß-
reifenartige plastische Ziegelbänder.

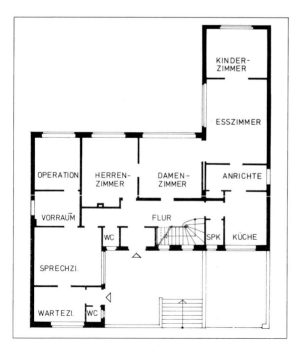

Elmshorn (Kr. Pinneberg)
Arztvilla, Bauerweg 24

Baujahr 1931
Architekt: Klaus Groth
Bauherr: Dr. med. Ritschel

In älterer Straßenbebauung als
Fremdling ein flachgedeckter
zweigeschossiger Kubus, Putz
mit Klinkerbändern, erschlossen
durch eine in den hohen Sockel
(mit Garage) eingebundene Freitreppe. Der Hauptbaukörper um
Terrassenbreite zurückgesetzt,
knapp gegliedert durch die Fensterbänder. Seitlich flankierend
mit zugeordnetem Sitzplatz ein
eingeschossiger Würfel mit
Praxiseingang.

Husum (Kr. Nordfriesland)
Nordfriesisches Museum
Nissen-Haus,
Herzog-Adolf-Straße 25

Baujahr 1933—1937
Architekt: Georg Rieve
Bauherr: Nissen-Stiftung

Gestiftet vom aus Husum stam-
menden Deutschamerikaner
Ludwig Nissen zu Zwecken der
Volksbildung (Museum, Volkshaus, Bibliothek, Kunstgalerie).
Am Wege vom Bahnhof zur Stadt
gelegener langgestreckter Ha-
kenbau in Klinker mit monumen-
talem Zugang (die drei bekrönenden keramischen Figuren von
Alwin Blaue wegen Absturzge-
fahr z. Z. auf der Rückseite
eingemauert). Im Innern Rotunde
durch zwei Geschosse, die Galerie über schlanken, keramikver-
kleideten Stützen.

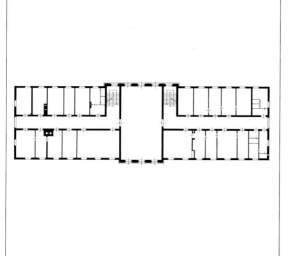

Lübeck
Stabsgebäude des Bundes-
grenzschutzes, Moltkeplatz

Baujahr 1936–1937
Architekt: Bauabteilung Wehr-
bereichsverwaltung X
Bauherr: Wehrbereichsver-
waltung X

Errichtet als Divisions-Stabs-
gebäude. Der an sich schlichte
Kasernenbau in Ziegel durch ein
rustiziertes Sockelgeschoß und
den pilasterbesetzten, übergie-
belten Mittelrisalit zu einer gewis-
sen Würde erhoben. Zurückhaltende Bauzier in Werkstein.

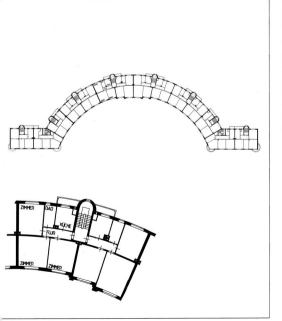

Lübeck-Marli
Wohnblock „Tor der Hoffnung",
Rudolf-Groth-Straße

Baujahr 1936–1937
Architekt: K. Glogner
Bauherr: Rudolf Groth

Auf dem Osthang der Wakenitz
öffnet sich in weitem Bogen zum
abfallenden Gelände des Fluß-
ufers die dreigeschossige Wohn-
zeile. Der zentrale lisenenbe-
setzte Torgang erschließt den
Blick auf die Stadtsilhouette von
Osten. Die ausschwingenden
Wände zurückhaltend belebt von
halbkreisförmigen Balkonrisaliten
an den Ecken der Wasserseite
und Treppentürmen mit Balkons
auf der Ostseite.

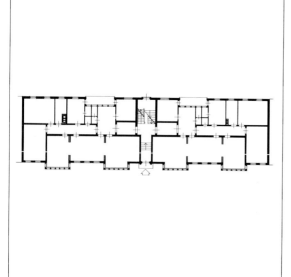

Kiel
Wohnbebauung,
Clausewitzstraße 9

Baujahr 1938
Architekt: Gustav-Reinhold
Hense
(Marinebauamt Kiel)
Bauherr: Deutsches Reich

Im Rahmen einer Neuerschlie-
ßung einheitliche Bebauung der
gesamten Straße mit Offiziers-
wohnungen für die Kriegsmarine.
Dreigeschossige Traufenbauten,
regelmäßig rhythmisiert durch
risalitartig zusammengefaßte Erker unter Zwerchgiebeln. Orna-
mentaler Ziegelversatz. Vom
zentralen Treppenhaus erschlossen jeweils zwei spiegelbildliche
große Wohneinheiten an einem
Mittelflur.

Kiel-Neumühlen-Dietrichs-dorf

Wohnbebauung „Afrikaviertel", Lüderitz-, Verdieck-, Woermann-straße

Baujahr 1938–1945
Architekt: Arbeitsgemeinschaft Prinz/Stoffers/Doormann/Bruhn
Bauherr: Kieler Werkswohnungen GmbH

Nach einer Konzeption des Stadt-planungsamtes (Herbert Jensen) unter Ausnutzung des Hangge-ländes zum Binnenhafen hin Reihenhausbebauung im Wech-sel zwei- bis dreigeschossiger und vier- bis fünfgeschossiger Zeilen in Backstein. Bemühen um städtebaulich-räumliche Lösun-gen bei abwechslungsreicher Einzelgestaltung.

Kiel-Elmschenhagen

Gartenstadt Elmschenhagen-Nord

Baujahr 1939–1940
Architekt: Paul und Hermann Frank
Bauherr: Marinearsenal

Nach einheitlicher Planung von Herbert Jensen eine in die Landschaft eingebundene Siedlung mit 1800 Wohnungen für Angehörige der Marine. Um den rechteckigen Andreas-Hofer-Platz entwickelt sich rechtwinklig das stark durchgrünte Straßennetz wechselnd parallel und senkrecht zur Flucht stehender zweigeschossiger Hauszeilen in rotem Backstein für Zwei- bis Zweieinhalbzimmerwohnungen. Verwendung heimatlicher Bogen-, Giebel- und Gaubenmotive.

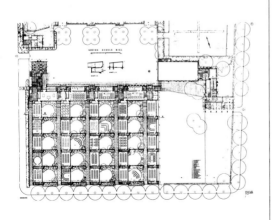

Kiel

Goetheschule,
Hansastraße 25–27

Baujahr 1950
Architekt: Rudolf Schroeder,
Hochbauamt der Landeshaupt-
stadt Kiel
Bauherr: Landeshauptstadt Kiel

Kindgemäßer Schultyp der Frei-
luftschule in dichtbesiedeltem
Wohngebiet. International beach-
tetes Novum! Kammförmige Anordnung der Stammklassen als
querlüftbare Pavillons mit eige-
nen Eingängen. Starke Durch-
grünung des Unterrichtsberei-
ches.

114

Kiel
Haus Schnittger,
Düppelstraße 26

Baujahr 1950
Architekt: Otto Schnittger
Bauherr: Otto Schnittger

Büro- und Mietshaus im Villen-
viertel, verputzter Kalksandstein.
Dachkonstruktion: Stahl

Neumünster
Textilfachschule, Parkstraße

Baujahr 1951–52
Architekten: Fischer,
Scheuermann, Bülk
Büro: Nissen u. Fischer
Bauherr: Stadt Neumünster

Lage: Im Stadtkern an einem
öffentlichen Park. Textilfachschule mit 10 Klassen, Sonderräumen, Werkstätten und Aula.
Einfacher Ziegelrohbau mit brau-
nen Tonpfannen und weißen
Schwingflügelfenstern, Aula
Sichtbetonbinder mit Kiefern-
decke

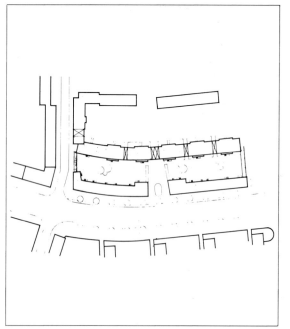

Kiel
Wohnhäuser mit Ladenzeile,
Holtenauer Straße

Baujahr 1952–54
Architekt: Otto Schnittger
Bauherr: Dr. Hans Kersig

Ladenzeile an der Hauptver-
kehrsstraße als Abschirmung der
dahinterliegenden Wohnbebauung. Verputztes Mauerwerk.

Helgoland

Mitten im Meer, zwei bis drei Schiffsstunden vom nächsten Festlandpunkt entfernt, liegt die rote Sandsteinklippe Helgoland.

Erst Menschen haben vor gut zwei Jahrzehnten die topographische Eindeutigkeit gestört – das „Mittelland" an der Südspitze der Insel ist das Ergebnis naiver Zerstörungslust.

Der Architektenwettbewerb 1952 bot Gelegenheit, nach den Schäden, die Krieg und Nachkrieg verursacht haben, über das Wesen dieser Landschaft nachzudenken.

Man entschied sich dafür, auf eine topographische Rekonstruktion zu verzichten. Man entschied sich aber auch dafür, die wesentlichen Grundzüge der überlieferten Bebauung wiederherzustellen, denn die alte Bebauung entsprach den harten natürlichen Bedingungen, die Klima und das Wetter gestellt haben – und noch immer stellen.

Ein unmittelbarer „Wiederaufbau" auf alten Fluchtlinien – wie er in stark zerstörten Städten des Festlandes, sehr zum Leidwesen heutiger Benutzer, zu registrieren ist – war schon aus dem einfachen Grunde illusorisch, weil fast nichts mehr da war.

Gerade die Häuser in der Bremer Straße sind ein Versuch gewesen, etwas „typisch Helgoländisches" zu schaffen.

Die Bebauung muß als „konventionell" bezeichnet werden, jedoch ist diese Feststellung kein Werturteil. Auch wenn keine avantgardistischen Architekturleistungen vorzuzeigen sind, ist es doch der Zähigkeit der meisten beteiligten Architekten – vor allem aber wohl des wachsamen Gemeindebaumeisters Christian Janssen – zu danken, daß ein wohltuend einheitliches Ortsbild entstanden ist, das nirgendwo den Maßstab verletzt, aber auch nirgendwo zu steriler Uniformität herabsinkt. Charakteristisches und wohl gelungenstes Beispiel ist der Gewerbebereich mit „Hummerbuden", Werkstätten der Aalräucherei, das den Bereich des Südstrandes im Unterland mit dem Südhafen verbindet.

Helgoland
Versuchshäuser
Unterland, Bremer Straße

Baujahr 1953
Architekt: Georg Wellhausen
Bauherr: Gemeinde Helgoland

Häuser in zwei Zeilen vor Falm,
zwei- und eingeschossig als
Einzelhäuser mit ausgebautem
Dach, mit Gästezimmer, Keller,
Zisternen. Verlängerte Giebel-
mauern der eingeschossigen
Häuser umschließen Gärten.
Scheibenbauweise im Grundriß
versetzt, Verblendmauerwerk,
Traufseiten-Putz, Dach Eternit
(engl. Deckung).

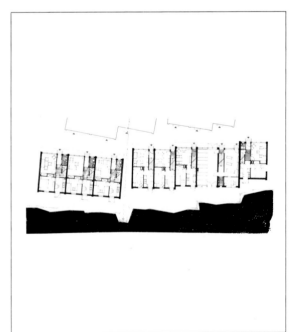

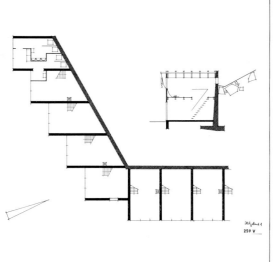

Helgoland

Hummerbuden
Im Übergang zwischen Unterland
und Südhafen

Baujahr 1954
Architekt: Georg Wellhausen
Bauherr: Gemeinde Helgoland

Im Süden entstanden durch Zerstörung Geröllablagerungen bis
ins Hafengebiet reichend. Lose
Erdmassen wurden durch Stützmauern abgefangen. Widerlager
der Stützmauer dienen als Trenn-
scheiben der Hummerbuden.
Zweigeschossige Scheibenbauweise, Wandscheiben Trümmer-
beton. EG- und Dachdecke in
Holz, Fassade in Holz, starkfar-
big, Dachdeckung Pappe.

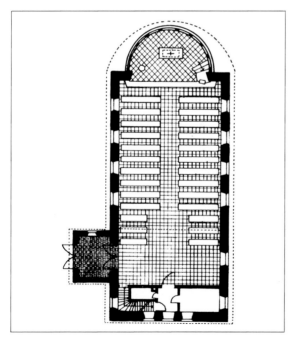

Plön
Kirche auf dem Koppelsberg

Baujahr 1954
Architekt: Gerhard Langmaack
Bauherr: Ev. Jugend Schleswig-
Holstein

Lage auf einem Hügel, Sichtbe-
ziehung zu den umliegenden
Seen, weißgeschlämmtes Mauerwerk, rotes Ziegeldach, Holz-
verschalung.

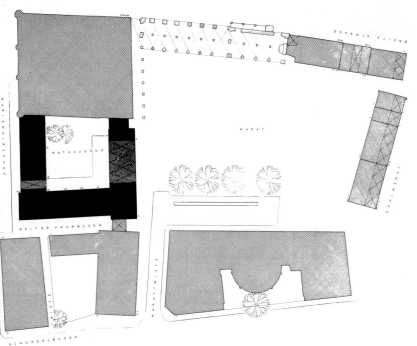

Lübeck
Wiederaufbau des Marktes
Südriegel

Baujahr 1954
Architekten: Schürer,
Grau, Schweinfurt
Bauherr: Fa. Otto Albers
Fa. Walter Dannien
Fa. Friedrich Nagel

Wiederaufbau nach dem 2. Weltkrieg. Ein Teil des Marktes wurde zugunsten des Verkehrsknotens am Kohlmarkt geopfert und der Südriegel um eine Haustiefe weiter in den Markt hineingerückt. Zur Koordinierung der Einzelplanungen wurde der Hamburger Architekt Georg Wellhausen von der Stadt bestellt. Dadurch Einheit unter Verzicht auf Individualität.

Lübeck
Rathauserweiterung, Markt

Baujahr 1955−56
Architekt: Karl Horenburg
Bauherr: Hansestadt Lübeck

Vor der Zerstörung Palmarum
1942 standen an dieser Stelle
drei- und viergeschossige Wohn
häuser aus der Gründerzeit. Die
heutige ein- und zweigeschossige Bebauung ordnet sich dem
historischen Bestand unter. Das
zur Marienkirche und zum Markt
durchgängige Atrium eröffnet
einen großartigen Ausblick auf
Schiff und Türme von St. Marien
Innerhalb des Atriums sind La-
dengeschäfte und Gaststätten
angesiedelt, in den oberen Geschossen Dienststellen der Stadt
verwaltung. Gestaltungsele-
mente: Backstein, Obernkirchne
Sandstein, Pfannen- bzw.
Kupfereindeckung der Dächer.

Wettbewerb 1954: 1. Preis

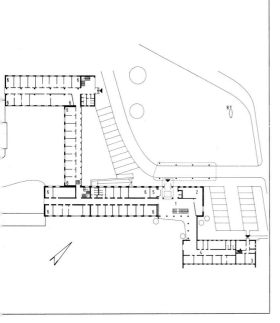

Kiel

Ministerium für Ernährung,
Landwirtschaft und Forsten,
Düsternbrooker Weg 104/108

Baujahr 1955/56
Architekt: Ernst Zinsser
Bauherr: Land Schleswig-
Holstein

Das Ministerium liegt zwischen
Düsternbrooker Weg und Ufer-
promenade an der Förde. Es
bildet den Abschluß einer Reihe
von Bauten der Landesregierung.
Sechsgeschossiger Hauptbau,
zweigeschossiger Ministerbau
zur Wasserseite, viergeschossiger Trakt an der Straße mit
Speisesaal und Küche. Massivbau, freistehende, runde Mittel-
stütze in den Fluren, rote Verblender, bündig sitzende weiße
Fenster. Kupferbedachung.

1. Preis Wettbewerb 1954
BDA-Preis 1969

124

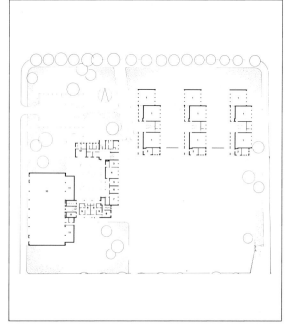

Kiel
Reventlou-Schule,
Beseler Allee 45

Baujahr 1956–57,
Turnhalle 1979
Architekt: Otto Christophersen
Bauherr: Stadt Kiel

Gegliederte Anlage auf einem
von vier Straßen umschlossene
Grundstück. Konventionelle Bau
weise. Giebel massiv mit roten
Vormauersteinen. Längswände
aus sichtbarem Stahlbetonfach
werk mit Ausmauerung. Flach-
dächer mit auskragenden, schü
zenden Gesimsen.

Kiel
Hauptpostamt und
Oberpostdirektion Kiel,
Stresemannplatz

Baujahr 1956–59
Architekten: Bolz und Detlefsen
mit Hochbauamt der OPD Kiel
Bauherr: Deutsche Bundespost

Eine zentrale Schalterhalle verbindet das Betriebsgebäude mit
der Paketabfertigung. In den
oberen Geschossen an der Hafenseite die Verwaltung (OPD).
Die mit Backsteinen verblendete
Lochfassade zeigt im Fugenbild
das dahinterliegende Stahlbetonskelett.

Wettbewerb 1953: 1. Preis
Skulptur vor dem Hauptportal von
Professor Bernhard Heiliger

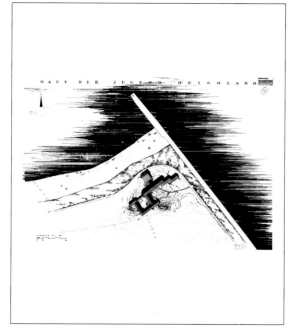

Helgoland
Jugendherberge und Internationales Begegnungsheim
Nordostgelände

Baujahr 1955–1958
Architekt: Ingeborg Spengelin
und Friedrich Spengelin
Bauherr: Landesjugendring
Schleswig-Holstein e. V.

Die Jugendherberge liegt auf
einem während des Krieges
künstlich geschaffenen Gelände
im Nordosten der Insel. Durch die
Bodenmodellierung und durch
die Vielgliedrigkeit des Gebäudes
entstehen windstille Räume, in
denen anspruchsvolle Pflanzen
gedeihen und die den Jugendlichen verschiedenartige Möglichkeiten des Aufenthaltes im Freien
geben. Von jedem Innenraum
Ausblick auf das Meer.

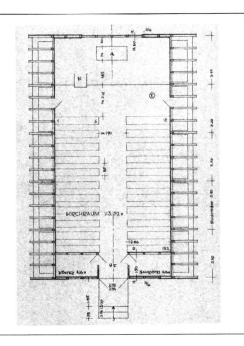

Groß Vollstedt
Kleinkirche

Baujahr 1958
Architekten: Barbara und Wolfgang Vogt
Bauherr: Ev. Luth. Kirchengemeinde Nortorf

Vorläufer der Kleinkirchen. Rich-
tungsweisender Entwurf für den
Ev. Luth. Kirchbauverein Schleswig-Holstein. 120 Plätze, Sakri-
stei, Küsterraum, unter dem Altar
Totenraum. Reiner Holzbau auf
Stahlbetonfundamenten. Eternit-
deckung. Elt.-Strahlungshei-
zung. Wegen der sehr einfachen
Konstruktion Baukosten
25 000 DM. „Schwesterschiffe",
leicht variiert, in Schinkel, Iser-
lohn und im Wiehengebirge.

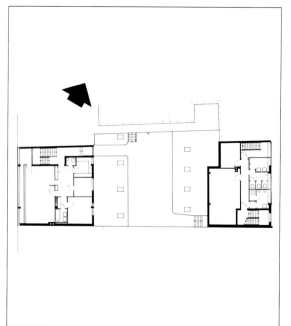

Neumünster

Wohn- und Geschäftshaus,
Großflecken 11

Baujahr 1958
Architekten: Hain und Bülk
Bauherr: Adolf Reinert

Voll überbaute innerstädtische
Baulücke. An der Straßenfront
Ladenzone, im überbauten Hof-
teil Schnellrestaurant in Verbin-
dung mit Supermarkt. Rückwärtig
Garagen und Anlieferung. In den
Obergeschossen Wohnungen,
die zu Büros umgewandelt wer-
den können.
Stahlbetonskelettbau mit äußerer
Detopakglasverkleidung, Stahl-
fenster, Dächer in graublauen
Tonpfannen, Hofplatz im Oberge-
schoß zwischen Vorder- und
Hinterbau.

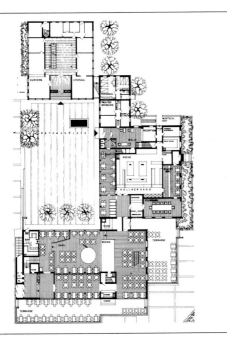

Helgoland
Rathaus
Lung Wai

Baujahr 1958–1960
Architekten: Ingeborg Spengelin
und Friedrich Spengelin
Bauherr: Gemeinde Helgoland

Der Rathausplatz bildet, um drei
Stufen erhöht, eine räumliche
Erweiterung der Helgoländer
Hauptstraße – das Lung Wai –.
Diese führt von der Landungs-
brücke zum Aufzug und zur
Treppe Oberland. Das Rathaus
ist durch die Grundrißordnung ein
kubischer Baukörper, der sich
von der umliegenden, gleichho-
hen Wohnbebauung deutlich un-
terscheidet. Von der zentralen
Treppenhalle aus, die im Erdgeschoß auch als Warteraum dient,
sind sämtliche Amtsräume erreichbar.

Eckernförde

Staatsbauschule Eckernförde,
Kakabellenweg/Lorenz-von-
Stein-Ring

Baujahr 1959—60
Architekten: Ingeborg u. Friedrich
Spengelin
Bauherr: Stadt Eckernförde u.
Land Schleswig-Holstein

Die Schulanlage wurde im Zusammenhang mit einem neuen,
von I. und F. Spengelin geplanten
Wohngebiet am westlichen
Stadtrand errichtet. Sie liegt auf
einem stark hügeligen Gelände in
landschaftlich schöner Umgebung. Grünzüge trennen die
Schule von der Wohnbebauung.
Dem Bebauungsplan des Wohngebietes liegt ein Wettbewerbsentwurf von 1956 zugrunde.

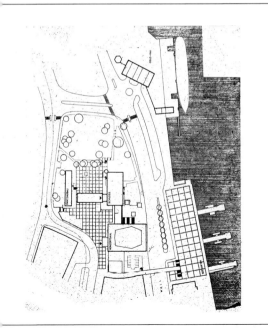

Kiel

Wiederaufbau Kieler Schloß,
Schloßgarten

Baujahr 1959−69
Architekten: Sprotte u. Neve
mit Landesbauamt Kiel I
künstl. Berater: Friedrich Wilhelm
Kraemer
Bauherr: Land Schleswig-Holstein

1. Preis im bundesoffenen Wettbewerb. Wiederaufbau mit viel-
seitigem Programm unter Wahrung alter Bausubstanz. Fußgängerverbindung Alter Markt,
Schloßplatz, Prinzen-, Schloßgarten mit Blick auf Hafenanlagen
als städtebauliche Belebung.
Wiederaufbau Schloß auf altem
Umriß in Mischbauweise mit holl.
Verblender. Großer Konzertsaal
in Stahlbeton und weißem Mar-
mor- u. grünen Quarzitfassaden-
platten, Tiefgarage mit 214 Stell-
plätzen.

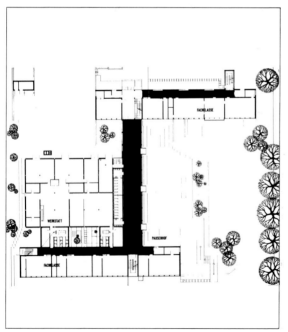

Eutin

Kreisberufsschule, Wilhelm-
straße

Baujahr 1960
Architekten: Diedrichsen und
Hoge
Bauherr: Kreis Ostholstein

Ausnutzung der Hanglage, zwei
parallelgestellte Klassenflügel
durch Pausenhalle und Verwaltung verbunden. Werkstätten direkt an Klassenflügel angebaut.
Konstruktion: Mauerwerksbau
mit Fertigteilstützen aus geschlif-
fenem Betonwerkstein.

Kiel

Jugendherberge,
Johannesstraße 1

Baujahr 1960−62
Architekt: Rudolf Schroeder
(Hochbauamt der Landeshaupt-
stadt Kiel)
Bauherr: Landeshauptstadt Kiel

Die Jugendherberge Kiel setzt
durch ihre dominierende Lage auf
dem Kieler Ostufer einen städtebaulichen Akzent. Gegenüber
den herkömmlichen Jugendher-
bergstypen wurde hier ein Weg
beschritten, der auf weitgehender
Flexibilität der Funktionsräume
aufbaut. Diese damals neuartige
Anlage, ein rot verblendeter Mauerwerksbau, läßt eine feinsinnige
Gestaltung erkennen und ist
typisch für den norddeutschen
Raum.

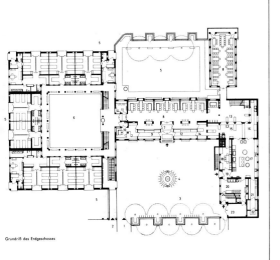

Grundriß des Erdgeschosses

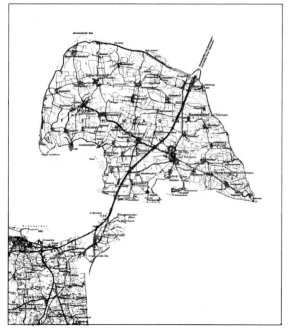

Fehmarn
Fehmarnsundbrücke
Fehmarnsund/Ostsee

Baujahr 1960−63
Architekten: Deutsche Bundes-
bahn und Gutehoffnungshütte
Beratung: Gerhard Lohmer
Bauherr: Deutsche Bundesbahn

Die Fehmarnsundbrücke ist ein
wesentlicher Bestandteil der
Vogelfluglinie. Sie verbindet als
kombinierte Eisenbahn- und
Straßenbrücke die Insel Fehmarn
mit dem Festland. Mit einer
Stützweite von 248,4 m überspannt eine Stahlkonstruktion mit
2 schräg zueinander geneigten
Hohlkastenbögen und abge-
hängtem Fahrbahnzugband die
Hauptöffnung über die Schiff-
fahrtsrinne. Als Doppelkasten-
Plattenbalken, mit Stützweiten
von jeweils 102 m, schließen sich
inselseitig 2 und zum Festland hin
5 Stahl-Überbauten über die
Nebenöffnungen an.

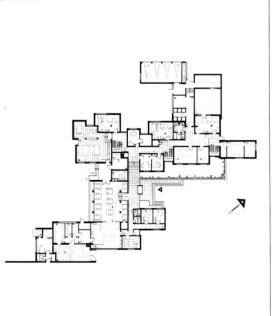

Neumünster
Jugendheim, Rintelenstraße

Baujahr 1961−64
Architekten: Hain und Bülk
Bauherr: Diakonisches Werk
Rendsburg

Heim der freiwilligen Erziehungshilfe für Jugendliche im Lehrlingsalter auf einer Wiese am Nordrand der Stadt. Rotbrauner Ziegelrohbau mit sichtbaren Ortbetonkonstruktionsteilen, Fenster und Türen Kiefer farblos imprägniert.

BDA Preis 1969.

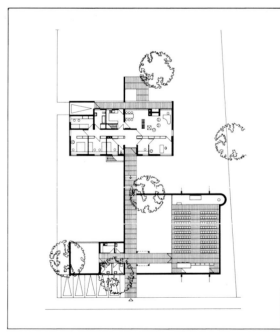

Lübeck-Dänischburg
St.-Paulus-Kapelle,
Dänischburger Landstraße 29

Baujahr 1962
Architekten: Horenburg
mit Dannien
Bauherr: Ev. Luth. Kirche zu
Lübeck
Das Gemeindezentrum entstand
in einem Industrievorort von
Lübeck. Die erdgeschossige Anlage besteht aus einer Kapelle mit
frei stehendem Glockenturm, einem Pastorat und einem Mehrzweckraum, der auch zu außer-
kirchlichen Anlässen genutzt
wird. Die äußere Erscheinungs-
form ist von der industriellen
Umgebung geprägt.

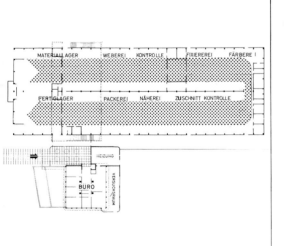

MATERIALLAGER · WEBEREI · KONTROLLE · FIXIEREREI · FÄRBERE I

FERTIGLAGER · PACKEREI · NÄHEREI · ZUSCHNITT KONTROLLE

HEIZUNG

BÜRO

VERSUCHSRAUM

Norderstedt I
Fabrik für Sicherheitsgurte,
An de Tarpen

Baujahr 1962–63
Architekt: Harro Freese
Bauherr: Klippan GmbH,
Deutschland

Das Fabrikgebäude liegt in einem
Gewerbegebiet. U-förmige Anlage, Fabrikationshalle aus vor-
gefertigten Stahlbetonfertigteil-
bindern in zweihüftiger Anordnung. Alle Sonderbauteile aus
Ortbeton mit Alu-Blech-Verklei-
dung.

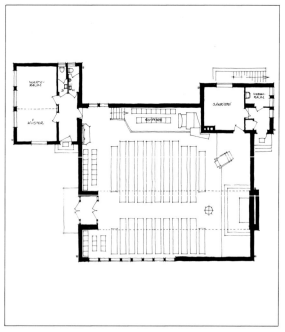

Klausdorf (Schwentine)
Phillippus-Kirche, Dorfplatz

Baujahr 1962–64
Architekt: Gustav Reinhold
Hense
Bauherr: Ev. Luth. Kirchenge-
meinde Klausdorf/Schwentine

Ein kleines Gemeindezentrum
mit Kirche (230 Plätze), Wohnhaus für Küster und Gemeinde-
helferin, Gemeindehaus mit 100
Plätzen und Räumen für die
Jugend. Die Gebäudegruppe ak
zentuiert und rundet die dörfliche
Situation am Dorfteich ab. Mate
rialien: Backstein mit Betonfertig
teilen, Kupfer.

1. Preis eines Wettbewerbes.

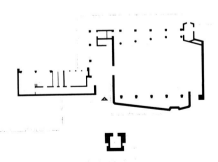

Neumünster
Bugenhagenkirche,
Gerhart-Hauptmann-Platz

Baujahr 1962—65
Architekten: Hain und Bülk
Bauherr: Ev. Luth. Kirchenge-
meindeverband Neumünster

Am Eingangsplatz einer kurz
nach dem Krieg errichteten
Wohnsiedlung. Kirche für zwei
Gemeinden mit noch geringem,
aber zu erweiterndem Neben-
raumangebot. Turm mit Plattform
für Posaunenchor. Äußeres und
inneres hellrotes, unverfugtes
Sichtmauerwerk in Handstrich-
ziegeln. Innenstützen u. Empo-
renplatte schalrauher Ortbeton,
Boden Betonplatten u. Holzpfla-
ster, Dach Kupfer. Altarbild: Re-
lief in Ziegelmauerwerk von
Georg Weiland, Lübeck.

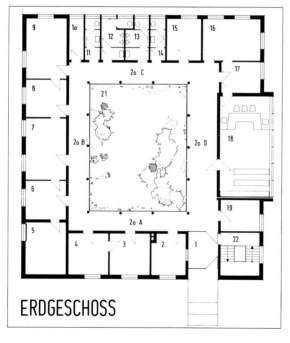

ERDGESCHOSS

Burg/Fehmarn
Polizeidienstgebäude,
Kaestnerstraße

Baujahr 1963–64
Architekten: Landesbauverwaltung Schleswig-Holstein,
Landesbauamt Eutin
Bauherr: Land Schleswig-Holstein

Lage am westlichen Ortseingang
auf parkähnlichem Grundstück.
Eingeschossiges Atriumgebäude
mit Büroräumen und herausgehobenem Sitzungssaal. Gelb verblendeter Mauerwerksbau, Stahlstützen und Stahlbetondecke,
Flachdach.

BDA-Preis 1969

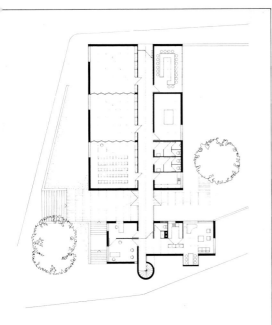

Lübeck
Gemeindehaus und Pastorat der
Domgemeinde Lübeck,
Großer Bauhof

Baujahr 1964
Architekten: Horenburg, Dannien
Bauherr: Ev.-Luth. Kirche,
Lübeck

Das Gemeindezentrum bildet
eine der 4 Platzwände des Gr.
Bauhofes und ist Maßstabgeber
für den gegenüberliegenden
Dom. Durch das Platzgefälle
ergeben sich zwei differenzierte
Baukörper mit unterschiedlicher
Nutzung als Pastorat und Gemeindezentrum. Der großartige
Ausblick auf die Domtürme durch
die Shedoberlichter der Gemein-
deräume wird zu einem optischen
Raumerlebnis. Die Gestaltungs-
elemente entsprechen der baulichen Nachbarschaft: Handstrich-
steine, Sichtbeton, Kupfer-
deckung des Daches.

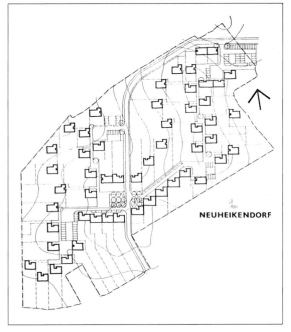

NEUHEIKENDORF

Heikendorf bei Kiel
Landwirtschaftliche Nebener-
werbsstellen. Heikendorf

Baujahr 1964—1965
Architekten: Landzettel u. Küthe
Bauherr: Siedlungsgenossen-
schaft

Auf ein System öffentlicher Fuß-
wege und kleiner Plätze ohne
Fahrverkehr sind alle Häuser auf
relativ großen Grundstücken be-
zogen. Der Hausquerschnitt ermöglicht zweigeschossige Süd-
orientierung ohne Nachteile für
den Nachbarn.

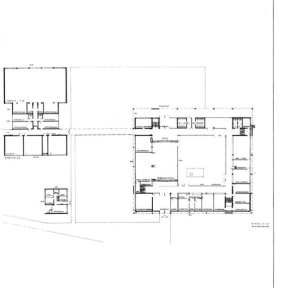

Satrup
Gymnasium, Flensburger Straße

Baujahr 1964—1966
Architekten: Schüler u. Schleiff
Bauherr: Schulverband Gymnasium Satrup

Bei Randlage am Ortszentrum von unregelmäßiger Bebauung abweichende geschlossene Form. Klassen umschließen zweigeschossige Halle und Innenhof. Stahlbetonskelettbau mit Stahlbetonkassettendecken. Innenausbau weitgehend durch Schrank- und Leichtbauwände. Außenhaut: Sichtbeton schalungsrauh.

Wettbewerb 1. Preis

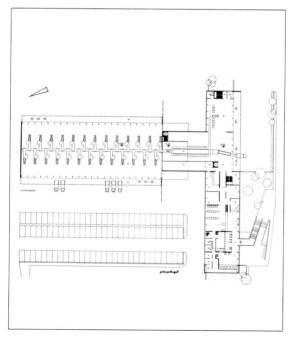

Kiel
Postdienstgebäude
Kiel-Gaarden,
Karlstal 21

Baujahr 1964–1967
Architekten: Kreisel, Niemeyer,
Grunewald, Hauzeur
Bauherr: Deutsche Bundespost

Das Grundstück ist auf drei
Seiten von steilen Abhängen und
Stützmauern begrenzt.

Postamt und automatische Paketverteilungsanlage, Erschließung der Schalterhalle über eine
freitragende Stahlbeton-Fußgängerrampe, Spannweite der
Stahl-Hallen-Binder der
Ortspackkammer 30 m; freigespannter schräger Dachaufbau
zur Belichtung des Paketeinganges.

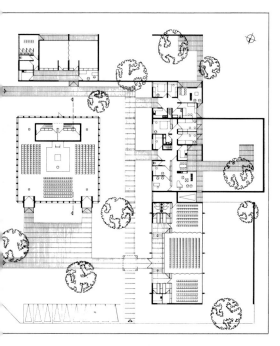

Lübeck-Moisling
Johann-Hinrich-Kirche,
Andersenring 29

Baujahr 1965
Architekten: Horenburg mit
Dannien
Bauherr: Ev. Luth. Kirche zu
Lübeck

Das Kirchenzentrum liegt im
Ortsmittelpunkt zwischen drei-
bis viergeschossiger Bebauung.
Der zentrale Kirchenraum mit frei
stehendem Glockenturm wird
hofartig vom Gemeindezentrum,
Pastorat und Küsterwohnung
umschlossen. Decke, Wände,
Altar, Kanzel und Taufe Sichtbeton. Verglasung: Thermoluxglas.
Fußboden: Basaltsteinpflaster

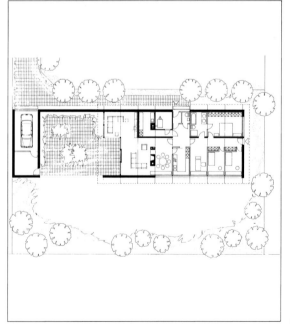

Reinbek
Einfamilienhaus eines Arztes,
Schillerstraße 16

Baujahr 1965
Architekt: Dieter Hoor
Bauherr: Dr. Horst Rohmann

Lage bei Reinbek inmitten Einzelhausbebauung. Im Osten Blick auf Waldgelände. Abschirmung durch Ausrichtung gegen Osten, Wohnräume zum Innenhof. Grundriß und Konstruktion ermöglichen Nutzungsänderungen und Hausvergrößerung. Mischbauweise aus Mauerwerk und Holzkonstruktionen. Hauptgestaltungselemente sind Dach- und Wandscheiben, mit denen Räume umschlossen und Öffnungen gebildet werden.

Plön

Kreisberufsschule,
Bieberhöhe

Baujahr 1965
Architekten: Diedrichsen u. Hoge
Bauherr: Kreis Plön

Hauptzugang vorgegeben durch
vorhandene und in den Bau
einbezogene alte Baumallee.
Gruppierung der Klassenflügel
mit Pausenhalle und Verwaltung
um einen architektonisch gestalteten Innenhof. Werkstätten
direkt an Klassenflügel angebaut.
Konstruktion: Mauerwerksbau
und Betonfertigteile aus geschlif-
`fenem Betonwerkstein.

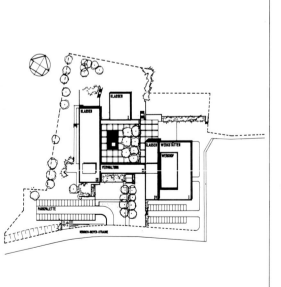

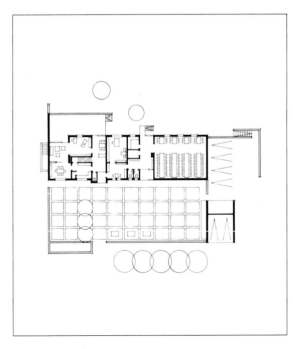

Viöl – Kreis Nordfrieslan
Pastorat, Dorfstraße

Baujahr 1965–1966
Architekt: Reinhard Meesenbur
Bauherr:
Ev. Luth. Kirchengemeinde Viö

Der durch den Abbruch des
baufälligen Pastorates erforderl
che Neubau bemüht sich, den
Dorfplatz unter Einbeziehung de
vorh. schönen Baumreihe wiede
zu schließen. Bei Verwendung
einfacher Form und Konstruktio
sucht er unter Anklang an Maß
und Proportion des alten jüti-
schen Hauses die Verbindung
zwischen Gestern und Heute z
wahren bzw. wiederherzustellen

Itzehoe
Störbrücke Umgehungsstraße,
Itzehoe B 5/B 204

Baujahr 1965–1967
Ingenieurplanung:
Wayss u. Freytag KG
Dyckerhoff u. Widmann KG
Grün u. Bilfinger AG
Architekt: Harro Freese
Bauherr: Landesamt für Straßen-
bau Land Schleswig-Holstein

Klassische Voutenbrücke mit lan-
gen Vorlandbrückenteilen in einer
Spannbetonkonstruktion im
freien Vorbau. Größte Spannweite zwischen den Voutenspit-
zen 115,00 m. Die Vouten werden
von Scheiben, die Vorland-
brücken von Stützenpaaren ge-
tragen. Das gestalterische Merk-
mal besteht in den Vouten und der
Abstimmung sämtlicher Details
auf die Gegebenheit der Fluß-
landschaft.

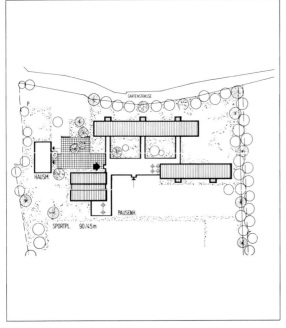

Bredstedt
22klassige Schule mit Sporthall
und Lehrschwimmbecken, Gar-
tenstraße

Baujahr 1965–1967
Architekten: Bolz u. Detlefsen
Bauherr: Stadt Bredstedt

Die 1964 geplante Schule zeig
die charakteristische Form des
sogenannten Schustertyps: Ko
pelung von zwei Klassen je
Geschoß an ein Treppenhaus,
Verbindung der Treppenhäuse
durch überdachte Gänge. Hierdurch wurde die Vorschrift für d
zweiseitige Belichtung der Klas
sen erfüllt. Im Untergeschoß de
Sporthalle das Lehrschwimmbecken.

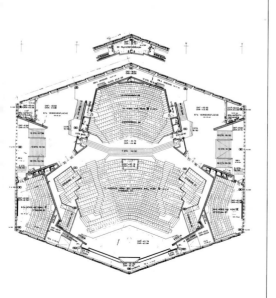

Kiel
Auditorium Maximum der
Christian-Albrechts-Universität
Kiel,
Olshausenstraße

Baujahr 1965–1969
Architekt: Wilhelm Neveling mit
Landesbauamt Kiel II
Bauherr: Land Schleswig-
Holstein

Zentrales Hörsaalgebäude im
Zentrum der studentischen Ein-
richtungen; großer Hörsaal mit
1200 Plätzen, durch Stahlfach-
werk-Hebewand unterteilbar, zu-
gleich kultureller Veranstaltungs-
ort für Kiel; Stahlbeton-Fach-
werkbau mit Schwerbeton-
Fassade; die einzelnen Hörsäle
gruppieren sich in verschiedenen
Ebenen um ein weitläufiges mit
Treppenanlagen gestaltetes
Foyer.

152

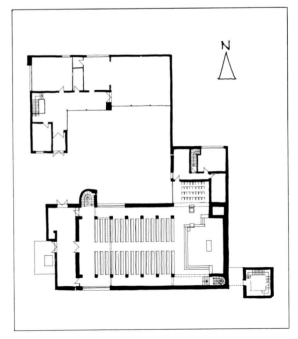

Reinbek-West
Nathan-Söderblom-Kirche,
Berliner Straße

Baujahr 1966–1967
Architekt: Friedhelm Grundmann
Bauherr: Ev. Luth. Kirchenge-
meinde Reinbek-West

An dem Marktplatz des Neubau
gebietes Reinbek-West wurde
zwischen 1966 und 1970 ein
Gemeindezentrum gebaut, dessen Mittelpunkt die Nathan-Söderblom-Kirche ist. An sie schließen ein Gemeindehaus mit Saal
und Jugendräumen sowie Wohnungen für Küster und Pastor an.
Der dreischiffige Kirchenraum hat
ca. 300 Plätze, zwei Emporen
und eine seitlich anschließende
Taufkapelle. Kruzifix, Altar, Kanzel und Taufstein schuf der
Bildhauer H. W. Peters. Stahlkonstruktion außen und innen mit
roten holländischen Handstrichsteinen verblendet. Unterge-
hängte Naturholzdecken.

Wettbewerb 1965: 1. Preis

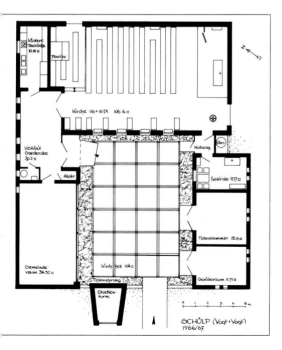

SCHÜLP (Vogt+Vogt)
1966/67

Schülp/Kreis Rendsburg
Gemeindezentrum

Baujahr 1967
Architekten: Barbara und
Wolfgang Vogt
Bauherr: Ev. Luth. Kirchenge-
meinde Jevenstedt

Vorläufer der kleinen Gemeinde-
zentren in unserem Lande: Foyer,
Kirchraum, Gemeinderaum, Küsterraum, (Teeküche), WC, Sa-
kristei und Friedhofsräume. Lage
unmittelbar am Friedhof. Weiß
geschlämmter Verblenderbau mit
unterseitig verschalter, hölzerner
Dachkonstruktion, Eternit-
deckung. Räume mit Gas beheizt.
Antikglas-Tauffenster von
Schulze-Ross.

Wettbewerb: 1. Preis

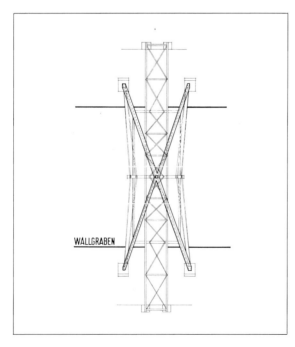

WALLGRABEN

Cismar

Fußgängerbrücke über den Wal[l]
graben des Klosters Cismar,
im Klosterbereich zwischen
Kirche und Friedhof

Baujahr 1967
Architekt: Landesbauverwaltung
Schleswig-Holstein, Landesbau[
amt Eutin
Bauherr:
Land Schleswig-Holstein

Lage in einer parkartigen Umge[
bung an der Klosterkirche Cismar. Als Fußgängerverbindung
zwischen Kirchenbereich und
Friedhof. Holzkonstruktion mit
Dübelverbindungen und Spann-
seilen. Statik: Tragendes Spren[
gewerk mit eingehängtem Lauf[
steg.

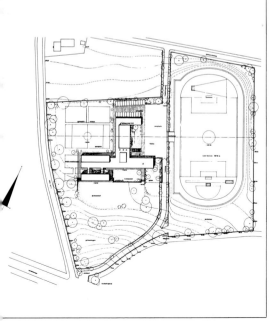

Munkbrarup
Dörfergemeinschaftsschule

Baujahr 1967–1968
Architekt: Edgar Asmussen
Bauherr:
Schulverband Munkbrarup-Wees

An der Nordstraße (B 199) in
landschaftlich reizvoller Lage am
Südhang des Schwennautales
gegenüber dem alten Dorf Munk-
brarup – Grund- und Hauptschule
– 2 Turnhallen, Lehrschwimmbecken, Verwaltung und Hausmeisterwohnung –. Massiver
Mauerwerksbau. Alle Gebäudeteile in Flachdachausbildung in
gegliederter Bauweise – gelbes
Verblendmauerwerk mit dunkelbraun abgesetzten Fensterrah-
men und Gesimsblenden.

BDA-Preis 1969

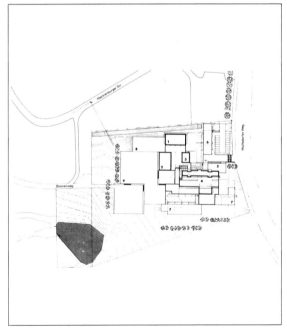

Probsteierhagen
Dörfergemeinschaftsschule

Baujahr 1967–1969
Architekten: Schüler u. Schleiff
Bauherr: Schulverband
Probsteierhagen

Lage am Ortsausgang. Staffe-
lung in Anpassung an das Gelände. Gruppierung der Klasse
um die zentrale zweigeschossi
Halle. Mischbauweise aus Mau
erwerk und Stahlbetonkonstruk
tion. Außenhaut: Verblendstein
rot.

Wettbewerb 1. Preis

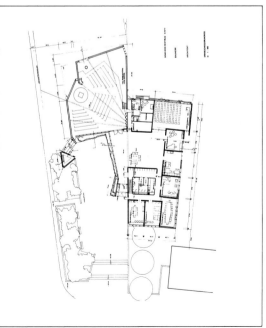

Altenholz-Stift
Eivind-Berggrav-Zentrum,
Ostpreußenplatz

Baujahr 1967−1969
Architekten: Göttsch u. Hertzsch
Bauherr: Ev.-Luth. Kirchen-
gemeinde Altenholz

Am Rande der Ortseinfahrt
schließt das Zentrum den großen
Platzraum nach Osten ab. Der
Turm ist weit in den Straßenraum
gerückt, das Gebäude öffnet sich
nach Westen zum Ort.

Die Zusammenfassung von sa-
kralen Kirchenräumen und sozia-
len Gemeinderäumen unter einem Dach ist in diesem frühen
Beispiel konsequent durchge-
führt.

Großes Altarwandbild von Hans-
waldemar Drews.

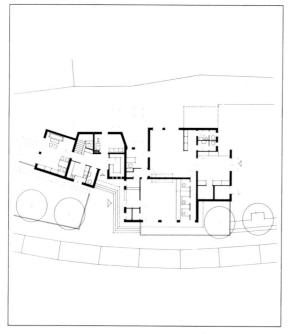

Boostedt
Postdienstgebäude,
Dorfring 28

Baujahr 1967—1971
Architekten: Hain und Bülk
Bauherr:
H. O. Horn und A. Chr. Horn

An abgeknickter Straßenführung
im Ortskern auf schmaler Par-
zelle entwickeltes Gebäude.
Postdienststelle für ländliche Gemeinde mit Dienstwohnung. Roter Ziegelbau mit flachen und
geneigten Dächern in Holzkonstruktion, geneigte Dachflächen
in Bitumenschindeln abgedeckt
Holzwerk, dunkelbraun imprägniert.

Kaltenkirchen
Flugkapitänsiedlung
Kettenhäuser
Flottkamp

Baujahr 1968
Architekt: Werner Feldsien
Bauherr: Peter Fiehland

In sich abgeschlossene Gebäudegruppe. Räumliche Verklam-
merung der Eingangsbereiche
mit den Wohnwegen. Hier ergibt
sich ein halböffentlicher, vielfältig
zu nutzender Bereich. Höhendif-
ferenzierter Grundriß, stark gegliederter Baukörper. Roter Verblendstein in Beziehung zur
nachbarlichen Bebauung.

BDA-Preis 1969

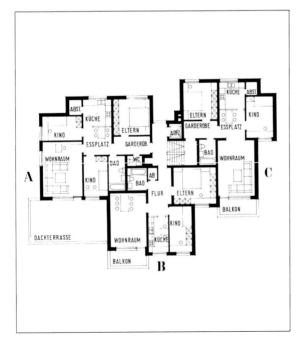

Bornhöved
Wohnhochhaus,
Kieler Tor

Baujahr 1968
Architekt: Werner Feldsien
Bauherr:
J. F. Röhl KG, Pinneberg

Standort in der Achse der Haupt‑
straße. Hierdurch gute Markie‑
rung. Einbindung durch einge‑
schossige Anbauten, die für
Dienstleistungen genutzt werden
Im mehrgeschossigen Gebäude‑
teil liegen Wohnungen. Im einge‑
schossigen Gebäudeteil befin‑
den sich Arztpraxen und Kneipe
Roter Backsteinbau.

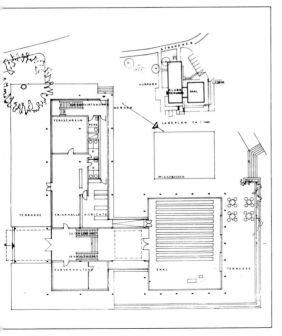

Glücksburg

Haus des Kurgastes,
Am Kurzentrum

Baujahr 1968
Architekten: Sönke Blaue mit
Ferdinand Schulze
Bauherr: Stadt Glücksburg

Zentrum in einem Kurpark mit
hohem Baumbestand. Wahrung
der Baumsilhouette von See her
durch Transparenz der Baumas-
sen. Schlankes Stahlskelett aus
T-Profilen.

BDA-Preis 1969.

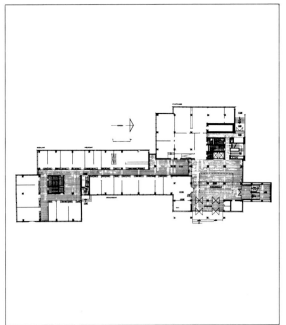

Ahrensburg
Rathaus,
Rathausplatz 1

Baujahr 1968—1970
Architekt:
Karl-Heinz Scheuermann
Bauherr: Stadt Ahrensburg

Der siebengeschossige Hauptbaukörper bildet die Querachse
zu einer barocken Platzfolge. Al
späterer Bauabschnitt ist der
Ratssaal vorgesehen. Betonske
lettbau und über dem Eingang ei
Betonrelief des Bildhauers
F. Mathiszig.

Preisgekrönte Wettbewerbs-
arbeit.

Reinbek
Rowohlt Verlag

Baujahr 1968–1970
Architekt: Fritz Trautwein
Bauherr: Rowohlt-Verlag

Lage am Rand des Naturschutz-
gebietes Bille außerhalb des
Stadtkerns Reinbek. Verlags-
haus ohne Auslieferungslager,
Stahlbeton- bzw. Stahlskelett-
Konstruktion mit Vorhangfas-
sade. Der ältere Teil der Anlage
ist eingeschossig, der neue Teil
zweigeschossig. Einbindung in
landschaftliche Umgebung.

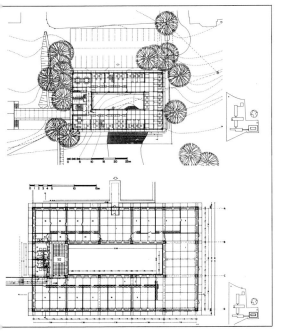

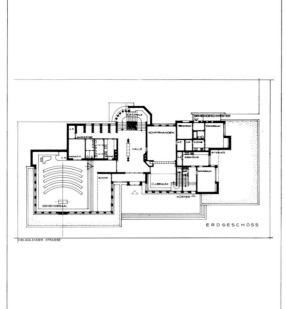

ERDGESCHOSS

HELGOLÄNDER STRASSE

Heide

Ev.-Luth. Gemeindehaus Buten-
diek,
Helgoländer Straße

Baujahr 1968–1971
Architekten: Hain und Bülk
Bauherr: Ev.-Luth. Kirchenge-
meinde Heide

Das Gemeindehaus liegt in einem Ortsteilzentrum, am Rande
eines neuen Einfamilienhausge-
bietes. Gemeindesaal mit Club-
und Jugendräumen im Erdgeschoß. Über dem Eingang kl.
Kapellenraum, 2 Mitarbeiterwoh-
nungen. Rotes Ziegelmauerwerk
und gleichfarbige Dachein-
deckung. Betonstützen in der
Vorhalle. Altarkreuz und Tauf-
becken von G. Weiland.

BDA-Preis 1974

ABST.

TANK

ABST.

HEIZUNG

ABST.

GARDEROBE

KONFIRMANDEN

GARAGE 1

CLUB

GARAGE 2

NACHBARHAUS

Büsum
Ev.-Luth. Gemeindehaus

Baujahr 1968–1971
Architekten: Hain und Bülk
Bauherr: Ev.-Luth. Kirchen-
gemeinde Büsum

Das Gemeindehaus liegt in der
engen Nordwestecke der die
mittelalterliche Kirche umgebenden Bebauung. Zum parkartigen
Garten orientierter Gemeinderaum im Obergeschoß. Club- und
Jugendraum für Kurseelsorge
ebenerdig. Kalksandsteinmauer-
werk, weiß geschlämmt, schiefer-
farbene Betonpfannenein-
deckung.

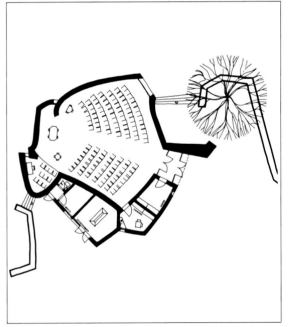

Sievershütten
Ev.-Luth. Kirche,
Dorfstraße am Friedhof

Baujahr 1969
Architekt: Friedhelm Grundmann
Bauherr: Ev.-Luth. Kirchen-
gemeinde Stuvenborn-Seth-
Sievershütten

Am Rande des Dorfes auf dem
höchsten Punkt des alten Fried-
hofes wurde 1969 die neue
Kirche mit einer seitlich angebau
ten Leichenhalle errichtet. Got-
tesdienstraum mit ca. 120 Plätzen, kleinem Chor und Orgel
unterhalb des Glockenturmes.
Außenmauerwerk in rotem Hand
strichstein. Hintermauerwerk vo
innen sichtbar Kalksandstein ge
fugt und weiß geschlämmt. Dach
konstruktion aus Holzleimbin-
dern. Darauf Sparren, Dachscha
lung. Fußboden roter Ziegelflach
stein.

Wettbewerb 1968: 1. Preis.

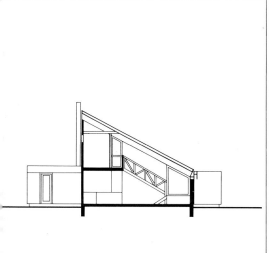

Neumünster
Wohnhaus für 2 Personen,
Hahnknüll 43

Baujahr 1969
Architekt: Joachim Schmidt
Bauherr: Joachim Schmidt

Das Haus liegt am Stadtrand von Neumünster, angrenzend an landwirtschaftlich genutzte Flächen. Als Anpassung wurde deshalb eine Holzbauweise, vermischt mit Blockmauerwerk, gewählt. Der Grundriß ist für das Zusammenleben zweier Menschen mit individuellen Berufen entworfen. Der wichtigste Gesichtspunkt ist jedoch das Wohnen unter einem schrägen Dach, in einem Großraum mit allen Funktionen und Möglichkeiten.

BDA-Preis 1974

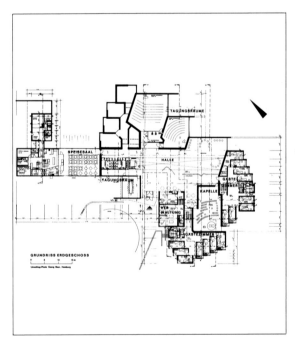

GRUNDRISS ERDGESCHOSS

Bad Segeberg
Tagungsstätte Evang. Akadem
Nordelbien, Marienstraße 31

Baujahr 1969–1970
Architekt: Helmut Striffler
Bauherr: Nordelbische Evange-
lisch-Lutherische Kirche Kiel

Die Akademie ist eine Begeg-
nungsstätte für Gemeinschafte
aller Bevölkerungsgruppen und
Konfessionen. Die Anlage liegt
Nachbarschaft zu einem See ur
Kurpark. Alle Teile des Hauptge
bäudes – Tagungsräume, Kapelle, Gästezimmer, Verwaltun
Speisesaal mit Küche und Wirt
schaftsteil – gruppieren sich ur
die zentrale Eingangshalle. Die
ergibt eine fächerartige Grundri
struktur. Außer der Eingangsha
– in Stahlleichtkonstruktion –
wurden alle Gebäudeteile in
mehrschaliger Massivbauweise
errichtet.

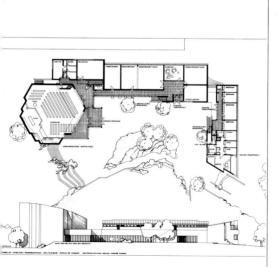

Wedel – Schulau
Ev.-Luth. Gemeindezentrum,
Feldstraße 32–36

Baujahr 1969–1971
Architekten: Patschan, Werner,
Winking
Mitarbeit: Jentz-Koska
Bauleitung: Frontzek
Gartengestaltung: Herms
Bauherr: Ev.-Luth. Kirchenge-
meinde Schulau

Gemeindezentrum mit großem
Kirchsaal und Gruppenarbeits-
räumen im Hauptgeschoß. Im
abgesenkten Erdgeschoß
Räume für Kinder- und Jugend-
arbeit. Dienstwohnungen im
Obergeschoß, erreichbar über
eine Galerie. Über den Kirchplatz
wird ein Fußweg zwischen Feldstraße und Tinsdaler Weg ge-
führt. Stahlbeton- und Mauerwerksbau, blaubuntes Sichtmauerwerk.

Wettbewerb 1968: 1. Preis
BDA-Preis 1979

Lübeck
Gemeindezentrum Kreuzkirche
Billrothstraße 1

Baujahr 1969–1971
Architekten: Grundmann und
Rehder
Bildhauer: Peters, Hamburg
Bauherr: Ev.-Luth. Kreuzkirche:
gemeinde Lübeck

Kirche, Gemeindehaus und Wol
nungen bilden einen dreiseitig
umschlossenen Hof. Jugend-
räume im Untergeschoß mit Fre
platz nach Westen. Kirche und
Gemeindesaal in Sichtbeton,
Wohngebäude in Mauerwerk m
roten Verblendern.

Wettbewerb 1968: 1. Preis

Kiel-Schilksee
Olympiazentrum

Baujahr 1969–1972
Architekten: Storch und Ehlers
Bauherr: Stadt Kiel,
Wohnungsbaugesellschaften

Ein Sockelbau enthält Jury, Verwaltung, Pressezentrum, Schwimmhalle, Garagen und Bootshallen. Er bildet eine Zuschauerpromenade als Fortsetzung des Steilküstenweges in einer zweiten Ebene am Hafen. An der Promenade liegen Läden, Restaurants und die Appartementzugänge. Der Grundüberlegung folgend ist der Sockelbau als künstliche Steilküste massiv gestaltet mit eingeschnittenen Öffnungen, während die terrassierten Appartements als offene Struktur aus Schotten und Decken aufgeständert auf den Sockel gestellt wurden.

Wettbewerb 1. Preis

HAFEN IM ZENTRUM

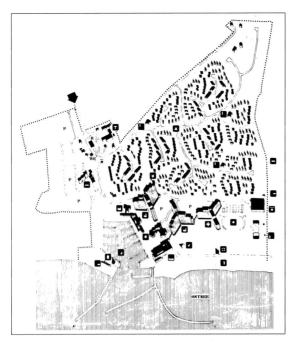

OSTSEE

Damp

Ferienzentrum, Damp 2

Baujahr 1969–1973
Architekten: Otto, Dieter u.
Hans Joachim Schnittger
Bauherr: Intergrund Bau- und
Grundstücks AG Köln

Die Gesamtplanung von Damp
2000 wird durch den Wechsel ur
die enge Verflechtung der Fun
tionen Wohnen-Erholen-Sport-
Kommunikation bestimmt. Kerr
stück des Feriengebietes ist de
Hafen, um den sich im Grundr
sternförmige Appartementhäus
mit Kurhaus, Meerwasserwelle
bad, Restaurants, Läden, Spor
anlagen u. a. m. gruppieren. In
Gegensatz zur wirtschaftlichen
Betonbauweise der Sternhäuse
wurden in den direkten Erlebni
ebenen – außen wie innen – Ho
und Stein gewählt, die durch
differenzierte Gliederung und
Farbgebung den Maßstab setz
ten.

Schmalfeld
Pastorat

Baujahr 1970—1971
Architekt: Werner Feldsien
Bauherr: Ev. Luth. Kirchenge-
meinde Kaltenkirchen

Das Pastorat liegt am Rande
eines Dorfes. Es markiert die
kirchliche Eingangssituation. Das
Gebäude nimmt den besonderen
Grundstückszuschnitt auf. Während sich im Eingangsbereich die
Diensträume des Pastorates be-
finden, sind im höhenversetzten
Teil des rückwärtigen Gebäude-
bereiches die Wohn- und Schlafräume angeordnet.

BDA-Preis 1974

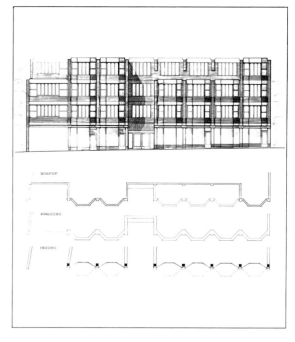

Lübeck
Geschäftshaus,
Pferdemarkt 6−8

Baujahr 1970−1971
Architekten: Ina und Dietrich
Hassenstein mit Waldenmaier
und Zell
Bauherr: Lübecker Baufinanz
GmbH

Die zur Verfügung stehende
Baulücke hatte die mehrfache
Breite der traditionellen Hausachsen. Formale Bindungen wurde
aus der Formsprache, die für di
ganze Stadt bedeutsam war,
abgeleitet. Traditionelle Proportionen und Bauelemente wurde
aufgegriffen: Die vertikale Gliedrung in Anlehnung an enge
Hausbreiten, die Plastizität von
Erkern, Türmchen und Vorsprü
gen, die Gestaltung in Sichtma
erwerk, die kleinformatige Glied
rung der Fenster, die bewegte
Dachfigur.

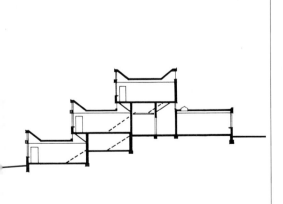

Ahrensbök
Dörfergemeinschaftsschule

Baujahr 1970–1971
Architekten: Bolz und Detlefsen
Gartenarchitekten:
Wehberg und Lange
Bauherr: Gemeinde Ahrensbök

Die Hanglage der Schule erlaubt
es, Ober- und Untergeschoß mit
einläufigen Treppen an das auf
der Pausenhofebene liegende
Hauptgeschoß anzuschließen.
Die vorgeschriebene zweifache
Belichtung der Klassen konnte
durch die terrassierte Anordnung
erfüllt werden. Die optische Höhe
der Klassen wurde durch die
offene Balkenlage kindgemäß
niedrig gehalten.

Öffentlicher Wettbewerb 1. Preis
BDA-Preis 1974

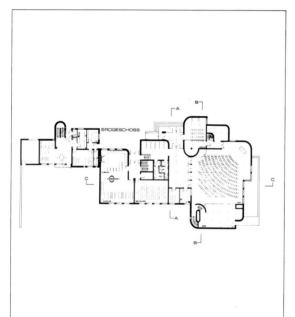

Flensburg-Engelsby
Kirchliches Gemeindezentrum,
Brahmsstraße

Baujahr 1970–1973
Architekt: Klaus Sye
Mitarbeit: Hain und Bülk
Bauherr: Ev.-Luth. Kirchen-
gemeinde Flensburg-Engelsby

Kirchliches Gemeindezentrum für
eine Neubaugemeinde, erstellt in
drei Bauabschnitten. Mehrzweckraum für Gottesdienste
und andere kulturelle Veranstal-
tungen. Kleine Kapelle für Amts-
handlungen. Verbindung Saal-
Kapelle durch Orgelempore, die
wahlweise zum Saal bzw. zur
Kapelle hin geöffnet werden
kann.

Reinbek
Neu- und Erweiterungsbau
Rathaus,
Hamburger Straße 7

Baujahr 1970–1973
Architekt: Horst Schlund
Bauherr: Stadt Reinbek

Rathaus. Nebenstelle Kreisge-
sundheitsamt, Stadtbücherei, Arbeitsamt. Stark plastischer Baukörper, Verwaltungsteil als zwei-
und dreibündige Anlage. Voll-
ständige Einbeziehung des Alt-
baues (BJ 1950–1958). Nordflü-
gel Altbau als Kern der dreibün-
digen Anlage. Stahlbetonskelett,
Ortbeton, variable Innenwände,
vorgehängte Sichtbetonfassade.
Fensterbänder.

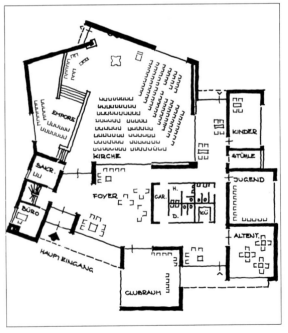

Norderstedt

Gemeindezentrum Glashütte,
Glashütter Kirchenweg 20

Baujahr 1971–1972
Architekten: Grundmann u.
Rehder
Bauherr: Ev.-Luth. Thomas-
Kirchengemeinde

Zwischen einem Neubaugebiet
und vorhandenen Siedlungshäu
sern wurde das Gemeindezentrum als multifunktional nutzbau
Anlage errichtet. Der Kirchenraum ist zweiseitig von Gemein
deräumen für alle Altersgruppe
umgeben. Durch Schiebetüren
läßt sich der Kirchenraum um d
Foyer nach zwei Seiten erwei-
tern. Die Gestaltung des Kirche
raumes erfolgte in enger Zusan
menarbeit mit dem Bildhauer
Hans Kock, der die Plastiken,
Altar, Kanzel, Taufe, Kreuz usw
schuf. Rote Ziegel-Verblendun

Wettbewerb 1969: 1. Preis

Kiel
Rathausplatz

Baujahr 1971–1972
Architekt: Ingrid u. Peter Hense
Bauherr: Stadt Kiel

Verzicht auf jede Bebauung.
Durch Anheben des Geländes
zum „Kleinen Kiel" Schließen
des Raumes. Modul durch Aufnahme der Gebäudekanten. Material in Anlehnung an geschicht-
liche Situationen (Hafenvorfeld)
ausschließlich Granit. Zur Unter-
streichung des besonderen städtischen Charakters der Baugruppe eine monumentale Anlage ohne Grün.

Wettbewerb 1. Preis
BDA-Preis 1974

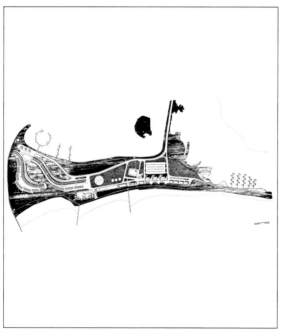

Burgtiefe, Fehmarn
Ferienzentrum Burgtiefe,
Insel Fehmarn

Baujahr 1972
Architekten: Jacobsen, Weitling,
nach dem Tod von Jacobsen
1971 Dissing und Weitling

Das Ferienzentrum liegt auf einer
Insel 3 km vom alten Stadtkern
Burg auf Fehmarn entfernt und ist
über einen Damm mit dem
Festland verbunden. Das Zentrum besteht aus architektoni-
schen Großformen mit langge-
streckten Terrassenhäusern und
Bunglows und aus hohen Hotel-
türmen, denen eine Reihe von
Gemeinschaftseinrichtungen wie
Restaurants, Cafés, Geschäfte,
Hallenbad, Kurmittelhaus, Ten-
nisplätze und Yachthafen zugeordnet sind. Alle Gebäude stehen
auf Betonpfählen und sind mit
ihren tragenden Konstruktionen
aus Stahlbeton hergestellt.

AMT IN FLECKEBY · OSTANSICHT 1:100

Fleckeby
Amtsverwaltung Schlei, Im Dorf

Baujahr 1972
Architekten: Blaue und Lessow
Bauherr: Amt Schlei

Grundstück an exponierter Stelle
am Hügel. Einfachheit der Architektur als Gegenpart zur Lage.
Zweibündiger Verwaltungsbau.
Saal mit Rasterwechsel vor Kopf.

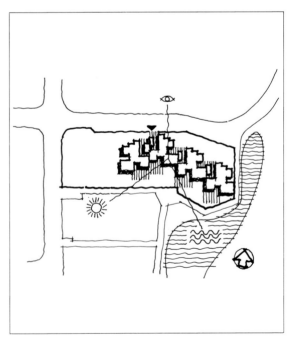

Flensburg-Mürwik
Baugruppe
Ausgeführt: Haus Firley,
Wachholderbogen Nr. 5

Baujahr 1972
Architekt: Sönke Blaue
Bauherr: Peter Firley

Milieubildung: in einem amor-
phen Neubaugebiet am Stadtrand durch Gruppierung um
kleine Höfe. Fließende Raumbe-
züge durch gleiche Materialbe-
handlung Innen und Außen.

Preis des Innenministers für land-
schaftbezogenes Bauen.

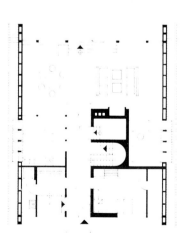

Pönitz
Wohnhaus,
Pönitz-Klingberg

Baujahr 1972
Architekt: Peter Arp
Bauherr: M. + H. Buschmann

Einfamilienhaus ohne Unterkelle-
rung; Erdgeschoßfußboden 50
cm u. Terrain; tiefliegende Trau-
fen; massiver Kern in Verblendmauerwerk; Holzpfettendach,
Brettschichtbinder; Fachwerk-
wände, innen Gipskarton- bzw.
Naturholzverkleidung, außen As-
bestzementplatten wie Dachein-
deckung; ungestörte, ruhige
Dachfläche ohne Ausbauten be-
tonen die reine Dachform und
Ausrichtung des Baukörpers.

184

Bad Oldesloe
Stadtschule,
Große Salinenstraße/Königstr.

Baujahr 1972
Architekten: Esau u. Griesenberg
Bauherr: Stadt Bad Oldesloe

Die Erweiterung der vorhandenen
Stadtschule wurde als autonomer
Baukörper geplant, unterirdisch
durch einen Zwischenbau mit
dem Altbau verbunden. Es entstand eine Gebäudegruppe mit
einem gemeinsamen Eingangsplatz und eine Orientierungs-
achse zwischen Salinenstraße
und dem denkmalgeschützten
„Hansen-Bau". Sämtliche
Räume gruppieren sich um ein
zentrales Treppenhaus. Als tra-
gende Konstruktion wurde ein
Stahlbetonskelett gewählt.

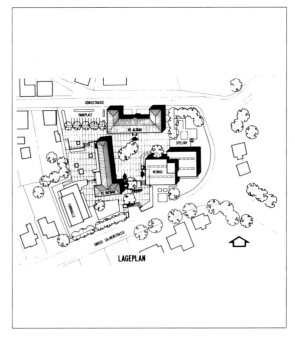

LAGEPLAN

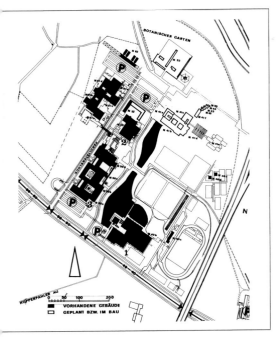

Kiel

Fakultätenblock der Christian-Albrechts-Universität, Ohlshausenstraße/Leibnitzstraße

Baujahr 1972
Architekten: Landesbauverwaltung Schleswig-Holstein Landesbauamt Kiel II
Bauherr: Land Schleswig-Holstein

Verfügungsbau im Erweiterungsgelände der Universität zur Aufnahme der aufgrund zunehmender Studentenzahlen sich vergrößernden Fakultäten. Erhöhtes Angebot von Fachbibliotheken, Seminaren und Institutsarbeitsräumen. Stahlbetonskelett in Fertigteilbauweise auf Raster 7,20×3,60 m. Vier dreibündige, mehrgeschossige Institutsgebäude mit verbindenden Flachbauten.

186

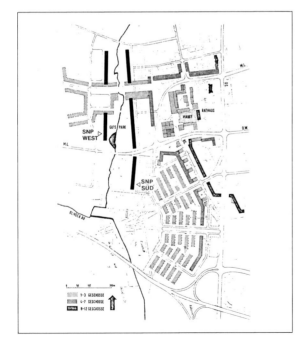

Glinde

1. Sönke-Nissen-Park West
Baujahr 1972–1973

2. Sönke-Nissen-Park Süd
Baujahr 1974–1975

Architekt: Volker Theisen
mit Hain, Bülk, Sye
Bauherr: Sönke Nissen Nachla
vertreten durch Wohnungsunte
nehmen Siemers, Hamburg

In der Mittelachse des Siedlung
bandes Oststeinbek-Glinde-
Neuschönningstedt findet die
Durchdringung von Stadt und
Landschaft einen großzügigen,
unverwechselbaren Raum. Die
Erschließung der Wohnungen
die kinderreichen Familien erfol
in den unteren 4 Wohngescho
sen, vertikal, in den oberen
Geschossen ergibt sich eine
horizontale Erschließung der
Kleinwohnungen über einen M
telgang. Der Haustypus wurde
industriell gefertigte Elemente
entwickelt.

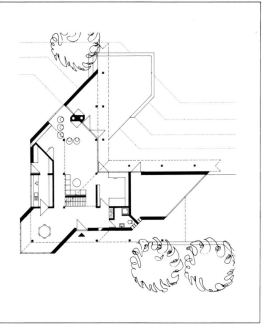

Buchholz
Krs. Herzogtum Lauenburg
Einfamilienhaus,

Baujahr 1972–1973
Architekten:
Dannien und Fendrich
Bauherr: Ingo Welling

Das Haus liegt am Rande des
Dorfes auf dem Hochufer über
dem Ratzeburger See. Das Ziegelmauerwerk der Erdgeschoß-
wände ist außen und innen weiß
geschlämmt. Dach- und Wandflä-
chen des Obergeschosses sind
mit schwarzen Asbestzement-
platten verkleidet. Konstruktion
der Decke, der Loggien und des
Daches aus Holz.

BDA-Preis 1974

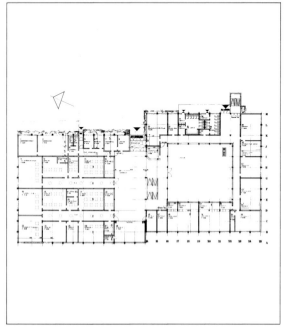

Bad Bramstedt
Gymnasium

Baujahr 1972–1973
Architekt: Werner Feldsien
Bauherr:
Land Schleswig-Holstein

Städtische Randlage, jedoch a▪
topographisch exponiertem
Grundstück gelegen. Keine ge-
wollte städtebauliche Integratio▪
Kompakte Bauanlage mit über-
schaubaren Bereichen. Tra-
gende Bauteile, Fertigbeton,
Ausfachungen und Fassade
Mauerwerk.

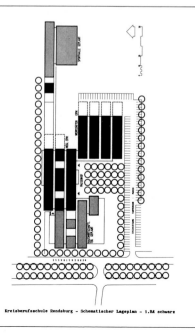

Kreisberufsschule Rendsburg - Schematischer Lageplan - 1.BA schwarz

Rendsburg
Kreisberufsschule,
Herrenstraße

Baujahr 1972–1974
Architekten: Jungjohann und
Hoffmann
Gartenarchitekt: Bendfeldt
Kunst am Bau: Backschat,
Lethgau
Bauherr: Kreis Rendsburg-
Eckernförde

Gewerbliche Kreisberufsschule
(1. BA) mit geplanter Erweiterung
eines hauswirtschaftlichen und
eines landwirtschaftlichen Teils.
Zusammenfassung d. Pro-
grammfunktionen an einer in
Ost-West-Richtung verlaufenden
Entwicklungsachse mit ab-
schnittsweiser Verwirklichung
des Bauvorhabens (Die Sporthalle an der Ostgrenze wurde
nicht von den Architekten geplant).

Wettbewerb 1971: 1. Preis

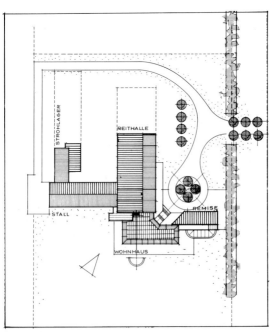

Boostedt
Zuchtbetrieb Horn,
Immenklint

Baujahr 1972–1975
Architekten: Hain und Bülk
Bauherr: Elke Horn

Das Grundstück liegt auf einem
flachen Hügel in der freien Landschaft und wird durch Knicks
gefaßt. Pferdezuchtbetrieb mit
Stallungen, Reithalle und Wohnhaus. Rotes Ziegelmauerwerk,
Stahlbetonstützen, Brettschichtbinder, schwarz imprägnierte
Fenster und sägerauhe Stülp-
schalungen.

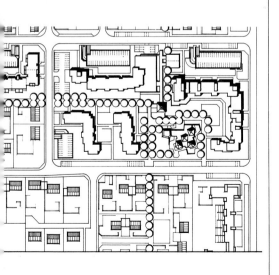

Rendsburg-Hoheluft
Mehrgeschossiger Wohnungs-
bau mit Ladenzentrum,
Edvard-Grieg-/Mendelssohn-/
Carl-Maria-von-Weber-Straße

Baujahr 1972–1976
Architekten: Diedrichsen u. Hoge
Bauherr: Hamburg Mannheimer
Vers. AG, Hamburg

Erschließung eines Neubauge-
bietes mit hoher Ausnutzungszif-
fer und einer Mischung aus
eingeschossigen Einfamilienhäu-
sern und mehrgeschossigem
Wohnungsbau. Konzentrierung
der höhergeschossigen Baumas-
sen an einer städtebaulichen
Achse, einem Grünzug, an dem
auch das Ladenzentrum zentral
liegt. Das Wanderwegenetz ist in
das Wohngebiet einbezogen. Ergänzung des Wohngebietes
durch einen Kindergarten der
Freien Waldorfschule. Insgesamt
ca. 550 WE.

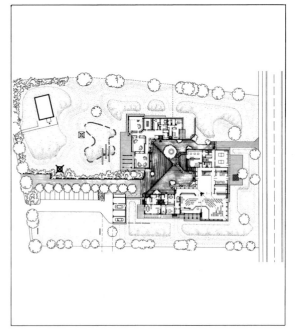

Norderstedt
Ev.-Luth. Gemeindezentrum
Harksheide-Nord,
Schulweg 30

Baujahr 1973
Architekt: Horst von Bassewitz
Bauherr: Ev.-Luth. Kirchenge-
meinde Harksheide-Nord

Im nördlichen Randbereich von
Norderstedt liegt das Gemeindezentrum – vorerst als „Gehöft"
um einen quadratischen Hof – in
flacher Wiesenlandschaft. Später
wird es mit seinem Innenhof den
Schnittpunkt eines Fußwege-
kreuzes bilden, das die Verbindung zu den angrenzenden
Wohngebieten und zu einem
kleinen Versorgungszentrum
schafft. Von diesem Innenhof
werden der Gemeindeteil, Büro,
Wohnungen und der Kindergarten erschlossen.

Wettbewerb 1972: 1. Preis
BDA-Preis 1974

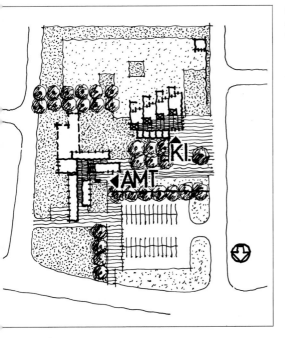

Schafflund

Amtszentrum Schafflund, Amts-
gebäude und Kindergarten,
Meyner Straße

Baujahr 1973
Architekt: Sönke Blaue
Bauherr: Amt und Gemeinde
Schafflund

Zentrumsbildung in schnell wach-
sender Amtsgemeinde. Heraus-
bildung signalhaft ablesbarer
Bauformen und Zusammenfassung von Amt und Kindergarten
zu einheitlicher Material- und
Formensprache: Massives Mauerwerk, filigranes Holz-Glas-
Fachwerk.

BDA-Preis 1974

Wahlstedt
Wohnblock (Medio-Haus)

Baujahr 1973
Architekt: Werner Feldsien
Bauherr: W. R. Tietz

Das Vorhaben liegt in der Rand
zone des zentralen Bereiches de
Stadt Wahlstedt. Es schließt
diesen Bereich zur umgebender
Bebauung ab. Standortbedingt
sind in dem Gebäude vielfältige
Nutzungen untergebracht: Ge-
werbl. Räume, Praxen und auch
Wohnungen. Die architektoni-
schen Gestaltungsmittel tragen
zur Betonung des zentralen städ
tischen Bereiches bei.

BDA-Preis 1974

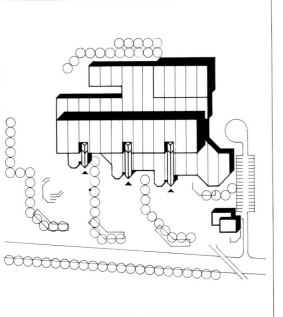

Reinbek
Schulzentrum,
Mühlenredder

Baujahr 1973
Architekten: Dannien u. Fendrich
Bauherr: Stadt Reinbek

Der Entwurf ist als 1. Preis aus einem Wettbewerb hervorgegangen. Er wurde ausgeführt mit den modifizierten Teilen des Schulbausonderprogrammes. Von drei vorgesehenen Bauabschnitten sind zwei realisiert.

BDA-Preis 1974

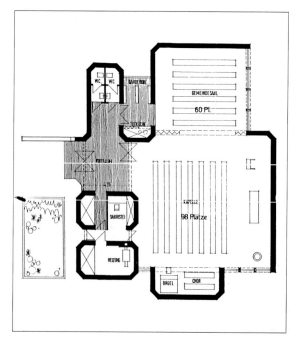

Kröppelshagen
Kapelle,

Baujahr 1973–1974
Architekten: Bolz und Detlefsen
Bauherr: Kirchengemeinde
Hohenhorn

Der Entwurf ging aus einem
öffentlichen Wettbewerb der Lan
deskirche für kleine Gemeinde-
zentren (1969) hervor. Das Kon
zept sollte eine wiederholte Aus
führung mit unterschiedlichem
Umfang – auch in unterschiedlichen Materialien – ermöglichen.
Die Gemeinde Kröppelshagen
hat den Entwurf zum erstenmal
verwirklicht. Von den möglichen
Ausführungsformen wurde die
Backsteinversion gewählt.

BDA-Preis 1974

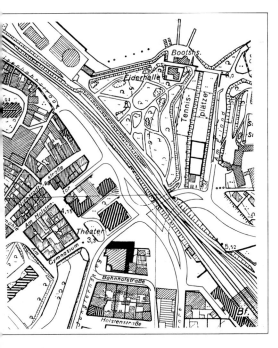

Rendsburg
Spar- und Leihkasse,
Jungfernstieg

Baujahr 1973–1974
Architekten: Schüler und Schleiff
Bauherr: Spar- und Leihkasse,
Rendsburg

Neugestaltung im Zusammenhang mit einer Aufstockung auf
ein Massivbauwerk um zwei
Geschosse in Stahlleichtkonstruktion. Oberstes Geschoß als
Kopf des Bauwerks weitgehend
mit dunkler Aluverkleidung ge-
schlossen. Darunterliegendes
Neubaugeschoß als Trennzone,
in Fensterhöhe voll geöffnet.
Altbau mit Korrekturen neu verblendet.

NORDWESTANSICHT - SEESEITE

Bosau
Einfamilienhaus am Plöner See
am Bicheler Berg

Baujahr 1973–1974
Architekten: Brockstedt u. Discher
Bauherr: Ilse Otto

Frei stehendes Einfamilienhaus am Steilhang mit Seeblick. Optimale Besonnung und freie Aussicht auf den See sowie die vorgeschobene Lage am Steilufer bestimmen die Gestaltung. Weißer Stein, Holzteile grün.

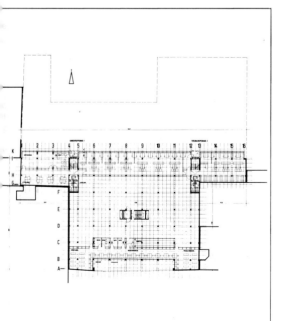

Kiel
Lager- und Verwaltungsgebäude
Hugo Hamann,
Holtenauer Straße 65 a

Baujahr 1973–1974
Architekten: Brockstedt u. Discher
Bauherr: Christoph Husen

Lage: innerstädtisch/Baublocksanierung, mit teilweiser Grenzbebauung. Untergeschoß: Druckerei. Erdgeschoß: Lager und Güterumschlag, Obergeschoß: Möbelausstellung, Verwaltung, Büromaschinen-Reparaturwerkstätte, Dach: Technikzentrale. Konstruktion: Betonstützenraster-Skelettbauweise. Gestaltung: funktionsbedingt mit auskragendem OG. Für gedeckten Güterumschlag im EG. Obergeschoß: Verwaltung als Großraumbüro in Verbindung mit der Ausstellung. Farben: weiß, violett, dunkelrot.

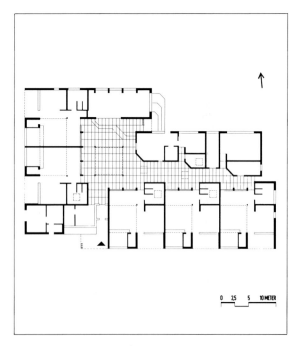

Kaltenkirchen
Fröbelkindergarten,
Fröbelweg

Baujahr 1973–1974
Architekten: Gelhaar u. Hoor
Bauherr: Stadt Kaltenkirchen

Der Kindergarten mit 5 Gruppenbereichen liegt ca. 300 m vom
Ortskern entfernt am Rande einer
Wiesenlandschaft. Die Anlage
wird gekennzeichnet durch den
räumlich gegliederten Gruppenraum für unterschiedliche Aktivitäten mit verschiedenen Deckenhöhen. Zu jedem Gruppenraum
gehört ein Wasch-, WC-Raum
und eine überdachte Terrasse.
Die zentrale Halle ist der Platz
gemeinsamer Aktivitäten. Alle
Wände sind aus 2 DF Kalksandstein, außen verfugt, innen gerappt. Boden- und Wandplatten
entsprechen dem Steinformat.
Sichtbare Leimbinder.
BDA-Preis 1974

0 2,5 5 10 METER

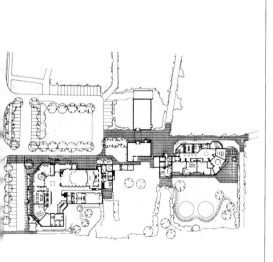

Norderstedt

Ev. Luth. Gemeindezentrum
Harksheide-Falkenberg,
Kirchenplatz 1

Baujahr 1973–1975
Architekten: von Bassewitz (Kindergarten), Schramm, Pempelfort, von Bassewitz, Hupertz
(GMZ + Kirchenumbau)
Bauherr: Ev.-Luth. Kirchengemeinde Harksheide-Falkenberg

Die Neubauten – Gemeindezentrum im Westen und Kindergarten im Osten – ersetzen ein aus den 50er Jahren stammendes Gesamtkonzept. Vorhandene Kirche, Pastorat und Jugendhaus werden funktionell und baukörperlich eingebunden. Im Gemeindezentrum liegen alle Funktionen unter einem gemeinsamen Dach um Foyer und Kirche als Mittelpunkt. Das Innere des Kirchenraumes wurde umgestaltet: Weiß geschlämmtes Mauerwerk, Pultdächer, blaugrüne Holzfensterelemente.

Wettbewerb 1974: 1. Preis

202

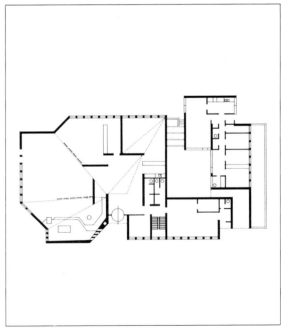

Melsdorf bei Kiel
Haus der Kirche,
Karkkampsweg

Baujahr 1973–1975
Architekten: Jungjohann und
Hoffmann
Bauherr: Ev.-Luth. Kirchenge-
meinde Flemhude

Kapelle mit Gemeinde- und Jugendräumen, Mitarbeiterwoh-
nung. Die verschiedenen Berei-
che sind entsprechend ihrer
Größe und Bedeutung in einer
ansteigenden, spiralförmigen Bewegung einander zugeordnet und
damit auch von außen ablesbar.
Alle tragenden Wände des Ge-
meindebereichs wurden in Stahl-
leichtbeton als Sichtbeton ausgeführt. Dachkonstruktion in Holz
auf Leimbindern mit verbretterten
Deckenuntersichten.

Wettbewerb 1973: 1. Preis

Kiel

Fernmeldeturm Kiel,
Vieburger Gehölz

Baujahr 1973–1975
Architekten: Kreisel, Müller
Oberpostdirektion Kiel
Bauherr: Deutsche Bundespost

Auf einer bewaldeten Kuppe des Vieburger Gehölzes errichtet, ist der Fernmeldeturm aus allen Richtungen bestimmend für die Silhouette der Stadt Kiel. Er dient zur Übertragung von Richtfunkverbindungen und Ausstrahlung des 2. und 3. Fernsehprogrammes. Die Kegelschale der Betriebskanzel wurde erstmalig im Turmbau als Fertigteilkonstruktion ausgeführt. Die Architektur ist durch die Funktion stark geprägt.

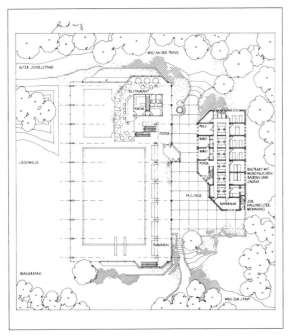

Bad Oldesloe
Schwimmhalle, zwischen Bürge‹
park und ehem. Exerzierplatz

Baujahr 1973—1975
Architekten: Patschan, Werne›
Winking
Vorentwurf:
mit: Esau und Griesenberg
Gartengestaltung: Wehberg-
Lange und Partner
Bauherr: Stadt Bad Oldesloe

Hallenbad mit 16,66×25 m
Becken. Führung des Hauptfu›
weges vom Stadtkern zur Tra‹
durch die Gebäudegruppe. Sta›
beton und Mauerwerksbau. Ho›
leimträger über Schwimmhalle
Von Schwimmhalle getrennter
Bauteil für medizinische Bäde›
Sauna in braunem Sichtmaue›
werk.

Norderstedt
Ev.-Luth. Gemeindezentrum
Schalom,
Lütjenmoor

Baujahr 1974
Architekten: Nickels und Ohrt
Bauherr: Ev. Luth. Kirchenge-
meinde Norderstedt

Unmittelbar in der Nähe des
Herold-Centers mit Anschluß an
die U-Bahn, ein möglicherweise
späteres Bindeglied zwischen
dem östlichen und westlichen Teil
Norderstedts. Zentraler Gemeinderaum, 4 Seminarräume, Alten-
tagesstätte, am Eingangsbereich
Taufkapelle, 3 Wohnungen und
Jugendcafé, Mauerwerksbau als
dreischiffige Anlage mit Ober-
lichtband zwischen den sich halb-
geschossig versetzenden Ebenen.

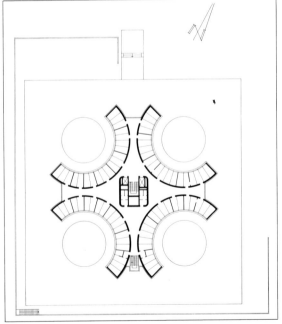

Heide

Kreishaus Dithmarschen,
Stettiner Straße 30

Baujahr 1974
Architekt: Into Pyykkö
Bauherr: Kreis Dithmarschen

Beschränkung auf wenige, ein
prägsame Formen, Materialien
und Farben.

Büroachsen in vier Kreissegme
ten um den Erschließungskern
gruppiert, durch ein Luftgesch
vom Breitfuß abgesetzt!

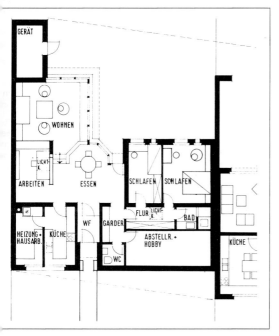

Boostedt
Reihenhaus,
Zur Ziegelei 43

Baujahr 1974
Architekt: Klaus Sye
Bauherr: U. + K. Sye

Fünf gestaffelt angeordnete Reihenhäuser in eingeschossiger Bauweise. Die Grundstücke wurden von der Gemeinde Boostedt einzeln verkauft. Die Eigentümer erarbeiteten gemeinsam mit dem Architekten – selbst Eigentümer eines der Grundstücke – für alle verbindliche Gestaltungsgrundsätze, so daß bei völliger Verschiedenheit aller 5 Häuser ein geschlossenes Gesamtbild entstand. Als Beispiel hier: Haus Sye.

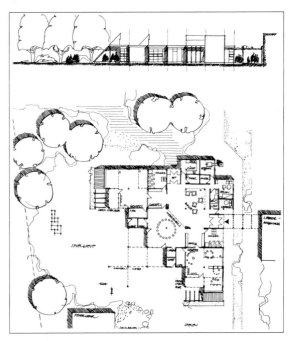

Owschlag
Kindergarten,
Hauptstraße an der Schule

Baujahr 1974
Architekten: Brockstedt und
Discher
Bauherr: Gemeinde Owschlag

In der Nachbarschaft einer Dörfergemeinschaftsschule in ländli-
cher Umgebung ein Kindergarten
für 2—3 Gruppen gebaut; an der
zentralen Halle liegt ein Mehrzweckraum als variable Zone.
Holzskelettbau, ausgefacht mit
Holz-Eternit-Fertigteilen, Farben
rot, grün, weiß.

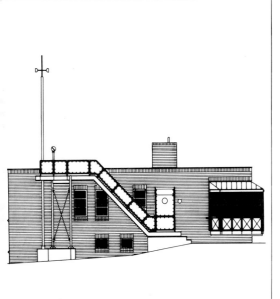

Kronshagen bei Kiel
Wetterstation,
Eichkoppelweg 61

Baujahr 1974
Architekten: Landesbauverwaltung Schleswig-Holstein Landesbauamt Kiel I
Bauherr:
Bundesrepublik Deutschland
Gebäude: Ziegelrohbau, einfache Grundform, durch Erker und Außentreppe belebt. Außenwände 36,5 cm, Normalformat
Innenwände 24 cm bzw. 11,5 cm, KSV geputzt. Fußboden: Asphaltplatten 25 cm × 25 cm. Innentüren in Stahlumfassungszargen.
Innentüren, Außentüren und Fenster: Holz, gestrichen umgekehrtes Flachdach mit Innenentwässerung.
Anbauten: Stahltreppe zur Beobachtungsplattform feuerverzinkt, frei aufgestellt mit Segeltuchbespannung.

Kaltenkirchen
Katholisches Gemeindezentrum
Flottkamp

Baujahr 1974—1975
Architekt: Werner Feldsien
Bauherr: Kath. Kirchengemeind
Bad Bramstedt

Das Vorhaben liegt im zukünfti
gen zentralen Bereich der Stac
Kaltenkirchen, der sich bandart
vom zukünftigen Bahnhof bis zu
alten Ortskern hin erstrecken
wird. Es bildet mit mehreren
Schulen eine städtebauliche Ei
heit. Um eine platzartige Auswe
tung gruppieren sich die Eingänge für Kirche, Gemeinderaum, Pastorat und Zugang vo
Straße u. PKW-Einstellplatz. D
Kirchenraum erlaubt eine gute
Gruppierung um den Altarbe-
reich. Er kann mit dem Gemei
deraum gemeinsam genutzt we
den. Kirche und Pastorat bilde
eine gestalterische Einheit.

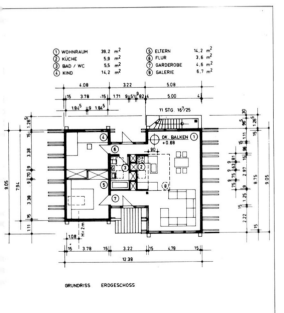

① WOHNRAUM	39.2 m²	⑤ ELTERN	14.2 m²
② KÜCHE	5.9 m²	⑥ FLUR	3.6 m²
③ BAD / WC	5.5 m²	⑦ GARDEROBE	4.6 m²
④ KIND	14.2 m²	⑧ GALERIE	6.7 m²

GRUNDRISS ERDGESCHOSS

Scharbeutz (Ostsee)
Einfamilienwohnhaus

Baujahr 1974—1975
Architekt: Joachim Schmidt
Bauherr: Helmtrud Wriedt

Das Haus liegt am Rande der bewaldeten Steilküste zur Ostsee. Es entstand aus einer Modellstudie für die Zeitschrift „zuhause". Mit ca. 96 qm Wohn- und Nutzfläche ist es als vollwertiges Einfamilienhaus konzipiert. Durch die besondere Konstruktion kann das Haus durch Hinzufügen von weiteren Dreiecksbindern verlängert werden. Ebenso ist die Distanz zwischen den beiden Dreiecksbauteilen veränderbar.

Wahlstedt

Gemeindezentrum,
Segeberger Straße

Baujahr 1974–1976
Architekten: Schramm, Pempelfort, von Bassewitz, Hupertz
Bauherr: Ev.-Luth. Kirchengemeinde Wahlstedt

Das Gemeindezentrum liegt am
Stadtrand inmitten wertvollen
Baumbestandes zwischen vorhd
Pastorat und vorh. Kindergarten.
Die Gebäudegruppe ist aus pult-
dachgedeckten Baukörpern zu-
sammengesetzt. Beidseits des
Einganges liegen „Jugendhaus"
und „Erwachsenenhaus", Foyer
und Gemeinderaum sind durch
Schiebewände kombinierbar.
Den einzelnen Clubräumen sind
durch Erdwälle („Knicks") geglie-
derte Freiräume zugeordnet.

1. Preis Wettbewerb 1974

Schönkirchen
Gemeindeverwaltung,
Mühlenstraße 46—48

Baujahr 1974—1976
Architekten: Jungjohann u.
Hoffmann
Bauherr:
Gemeinde Schönkirchen

Büro und Sitzungsräume für die
Gemeindeverwaltung, Polizeista-
tion, Hausmeisterwohnung. Die
aus der Grundstückssituation
entstandene Baukörperform vermittelt zwischen den sehr hetero-
genen Bauformen der unmittel-
baren Nachbarschaft und dient
gleichzeitig der innenräumlichen
Differenzierung — abweichend
vom üblichen Bürohausschema.
Das Überspielen der Sockelzo-
nen durch bepflanzte Böschun-
gen und die Aufnahme und
Umkehrung dieses Themas in
den verschindelten Dachschrägen bestimmen das formale Ge-
staltungsprinzip.

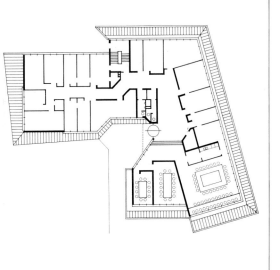

Brunsbüttel
Stadtbauamt,
Röntgenstraße

Baujahr 1975
Architekt: Kurt Wittrock
Bauherr: Stadt Brunsbüttel

Bauamt im neuen City-Bereich
ohne Anbindung an eine bestehende Bebauung. Backsteinbau,
rote Handstrichziegel außen und
in den Fluren, Stahlbetonstützen,
Holzaluminiumfenster, dunkelbraun, Sonnenschutzglas.

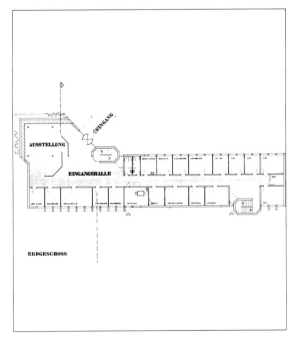

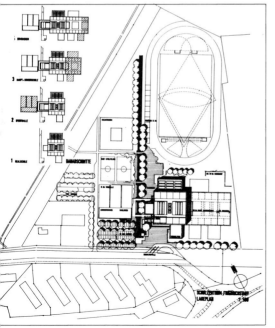

Friedrichstadt
Schulzentrum

Baujahr 1975
Architekten: von Gerkan, Marg
und Partner
Gartengestaltung:
Wehberg—Lange—Eppinger
Bauherr:
Schulverband Friedrichstadt

Die Realschule ist 1. Bauabschnitt eines auf späteres
Wachstum angelegten Schulzen-
trums. Weil im Raumprogramm
Aula, Pädagogisches Zentrum
und Pausenhalle nicht vorgesehen waren, wurde die notwendige
Erschließungstreppe als Tribüne
ausgelegt und das innere Treppenhaus zur glasgedeckten
Schulhalle umfunktioniert. Höl-
zerne Decken und Klinker für
Wände, Fußböden und Außenanlagen stehen in beabsichtigtem
atmosphärischem Kontrast zum
vorgeschriebenen Betonfertig-
teilsystem des Rohbaus.

Wettbewerb 1972 1. Preis

Kiel

Kindertagesstätte Kiel-Gaarden, Helmholtzstraße

Baujahr 1975
Architekten: Brockstedt und Discher
Bauherr: Stadt Kiel

Kindertagesstätte für fünf Gruppen mit Gymnastikraum und zentraler Halle über ein bis zwei Geschosse, die den zweigeschossigen Bauteil innen als Haus im Haus erscheinen läßt mit farb. Fenstern. Mauerwerk – Stahlbetonkonstruktion im zweigeschossigen Teil, Holzständerkonstruktion mit Ziegelmauerwerk ausgefacht im eingeschossigen Teil. Farben: Rot-Blau-Gelb, schwarzes Schindeldach, kindgemäße Kleinteiligkeit im Innenraum und Spielbereich.

ERDGESCHOSS

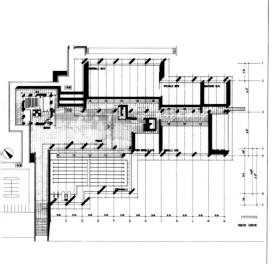

OBERE EBENE

Kiel
Sportforum II der Christian-
Albrechts-Universität,
Olshausenstraße 40–49

Baujahr 1975, 1976
Architekten: Nickels, von Gerkan,
Marg
Bauherr u. Oberleitung:
Land Schleswig-Holstein

Eine Sportanlage, die dem spie-
lerischen und pädagogischen
Charakter des Geschehens entspricht. Die Kommunikation zwischen Studenten und Öffentlich-
keit wird gefördert und eine innige
Verzahnung vom Innen- und
Außenraum hergestellt. Die
Sportstätten sind funktionell flexi-
bel. Das Dach aus Spannbeton-
trägern über Stahlbetonstützen.
Nordwestlich abgesetzt der Insti-
tutsbau in rotem Mauerwerk.

Wettbewerb 1966: 1. Preis
BDA-Preis 1979

Kiel-Schilksee
Wohnhausgruppe,
Seekante 29–37

Baujahr 1975–1976
Architekten: Konzeption der Ge
samtanlage: Peter Hense,
Behrendt, Ingrid Hense, Knaak,
Jutta und Rolf Koch
Bauherren: Jeweilige Architekten
und Antje und Ekkehart Buchhe
fer

Versuchsvorhaben zum verdich
teten innerstädtischen Wohnen
einem gemischten Neubaugebiet. 5 Parzellen à 320 qm, von
denen je 104 qm teils offen als
Spielstraße, teils überbaut als
Kinderhaus o. ä. gemeinsam
genutzt werden. Die gemeinsam
genutzte Zone wird durch private
Vorderbereiche und die Wohnhäuser umklammert. Dadurch
wird eine Intensivierung der Kom
munikation angestrebt. Eingangsbereich als Schwelle erhöht, versetzte Geschosse.

BDA-Preis 1979

Schleswig
Erweiterung der Domschule,
Königstraße

Baujahr 1975—1976
Architekten: Dieter Rödenbeck
mit Landesbauverwaltung
Schleswig-Holstein,
Landesbauamt Schleswig
Bauherr: Land Schleswig-Hol-
stein

An den anspruchsvollen 1868
durch Architekt Hillebrandt er-
stellten neugotischen Altbau
wurde ein Trakt mit dem Grundra-
ster 7,20 × 7,20 angebaut.
Grundlage war das Schulbauson-
derprogramm des Landes
Schleswig-Holstein. Dunkle Eter-
nitverkleidung mit roten Holzfen-
stern und ausgeprägten Wasser-
schlägen gliedern den Neubauteil
rhythmisch passend an die vorhandene Bausubstanz an.

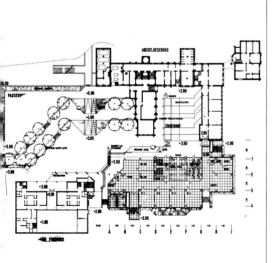

Bad Oldesloe

Gemeindezentrum mit Kindergarten,
Masurenweg 21 + 23
Baujahr 1975−1977
Architekten: Schramm, Pempe|
fort, von Bassewitz, Hupertz
Bauherr: Ev.-Luth. Kirchengemeinde Bad Oldesloe
Gemeindezentrum mit Kinder-
garten am Rande eines Einfan|
lienhausgebietes. Hanglage fü|
zu einer zweigeschossigen Lö
sung mit Eingängen im Erd- u|
Obergeschoß, Jugend- und Er|
wachsenenräume (einschl. Al-
tenclub) liegen in zwei Ebenen
allseits je eines zentralen Foye|
Gr. Gemeinderaum mit einem
Andachtsraum kombinierbar.
Neubau enthält historische Eir|
richtungsgegenstände.
Schwimmbad als Bestandteil
einer Therapieabteilung. Weiß
geschlämmtes Mauerwerk, Pu|
dächer, dunkelgrüne
Holzfensterelemente.

Wettbewerb 1974: 1. Preis

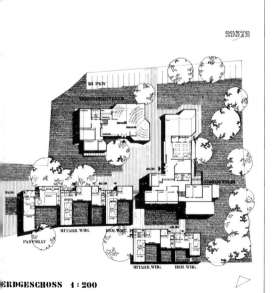

ERDGESCHOSS 1 : 200

Raisdorf-Nord
Kirchliches Gemeindezentrum,
Fernsichtweg

Baujahr 1975—1977
Architekten: Jungjohann u.
Hoffmann
Bauherr: Ev.-Luth. Kirchenge-
meinde Raisdorf 1. BA Ev.-Luth.
Kirchenkreis Plön 2. BA

Gemeindezentrum mit Kapelle,
Gemeinde- und Jugendräumen,
Pastorat und Wohnungen liegen
um einen zentralen Platzbereich
unter Einbeziehung des vorhandenen alten Baumbestandes.
Weitgehende Integration der Gebäudegruppe in die Parkanlage.
Außenwände in den Sockelberei-
chen in Sichtbeton. Fenster- und
Dachzonen sind zusammengefaßt und dunkel behandelt. Ausblick und Spiegelung beziehen
die Parksituation in besonderem
Maße ein.

Wettbewerb 1972: 1. Preis
BDA-Preis 1979

222

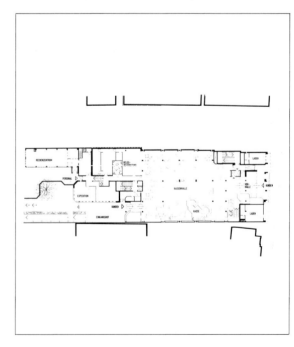

Husum
Sparkasse Nordfriesland,
Großstraße

Baujahr 1975–1977
Architekten: Hansen und
Schlums
Bauherr: Kreissparkasse Nord-
friesland

Innerstädtisches Grundstück, g‹
schlossene, z. T. historisch wer
volle Bauweise, sehr schmales
Grundstück mit Höhendifferenzen, beidseitige Kunden-
Erschließung, insbesondere de
Kassenhalle, Anbindung zweie
Parkebenen, Büroräume nur u‹
inneres Atrium möglich. Stahlb‹
tonskelettbau mit vorgeblendete
Wandscheiben in rotem Back-
steinmauerwerk innen und außen, Dächer und Wandgliederu‹
gen Schiefer, Fenster weiß. Ge
staltung der Kassenhalle mit
Backsteinrelief, Sichtbetonkon-
struktionen u. abgehängten Kie
fernholzdecken.

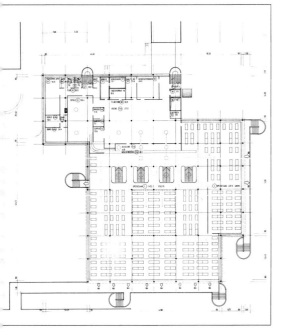

Kiel

Mensa II der Universität Kiel, Erweiterungsgelände an der Leibnitzstraße

Baujahr 1975–1978
Architekten: Bolz und Detlefsen
Bauherr: Land Schleswig-Holstein (Landesbauamt Kiel II)

Hauptspeiseraum mit ca. 1400 Plätzen und Hauptküche (Kapazität: 5000 Essen) im Obergeschoß. Vorräte Kühlräume, Caféteria und Studentenräume im Erdgeschoß. Zugang zur Ausgabe über geradläufige, offene Treppen aus der Eingangshalle. Ausführung größtenteils in Betonfertigteilen. 5 außenliegende Fluchttreppen aus Fertigteilen.

Kiel-Schilksee
„Wohnhof Schilksee",
Seekante 15—27

Baujahr 1976
Architekten: Brockstedt und Discher mit H.-P. Brandt
Bauherr: Bauherrengemeinschaft

Verdichtete städt. Wohnform als Reihenhaus mit individuellen Grundrissen, ungestörte Privatbereiche Haus und Garten, Gemeinschaftshaus mit Mehrzweckraum, Sauna, Schwimmhalle, introvertierte Anlage zweischalige Trenn- und Außenmauern in Kalksandsteinverblendung-weiß.

BDA-Preis 1979

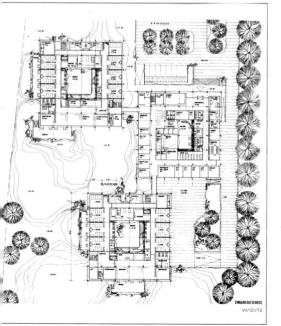

EINGANGSGESCHOSS

VII/121/72

Rickling
Psychiatrische Anstalten

Baujahr 1976
Architekten: v. Gerkan, Marg und Partner
Gartengestaltung:
Wehberg–Lange–Eppinger
Bauherr: Landesverband für Innere Mission in Schleswig-Holstein

Neubauten als Ersatz für überalterte Lagerbaracken. Außenanlagen topographisch bewegt und raumbildend. – Holz für Fassaden und Decken, Klinker für Wände und Fußboden sowie kräftiger Farben innen und Markisen außen sind sparsame Mittel zur Vermeidung einer sterilen Krankenhausatmosphäre. Eine als Treffpunkt umgebaute Feldscheune, Gewässer, Tiergehege und Schrebergärten bereichern das Leben in der Anstalt durch Anreize für persönliche Beschäftigungen.

Geesthacht

Niederlassung Geesthacht der
Deutschen POCLAIN GmbH,
Am Schleusenkanal 28

Baujahr 1976
Architekt: Rolf Claussen
Bauherr: Deutsche POCLAIN
GmbH, Groß Gerau

Lage an der Elbbrücke in Geest
hacht, hierdurch gute Verkehrs-
verbindungen nach Hamburg,
Schleswig-Holstein und Nieder-
sachsen. Hauptfunktionsberei-
che Reparaturhalle, Ersatzteilla
ger, Verwaltung, jeder Bereich
unabhängig voneinander erweiterbar. Ablesbarkeit der Funk-
tionsbereiche durch Differenzie
rung, Wahrung der Homogenitä
durch Beschränkung auf wenig
Materialien. (Sichtmauerwerk,
Sichtbeton, Asbestzementschin
deln, Holz). Weitgehende Erhal
tung des vorh. Baumbestandes

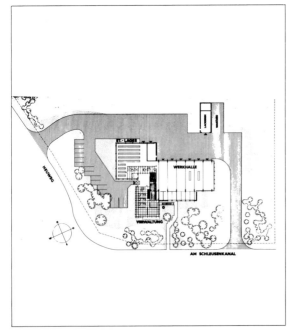

Kiel
Kindertagesstätte, Mühlenteich

Baujahr 1976
Architekt: Jürgen Baade
Bauherr: Arbeiterwohlfahrt
Schleswig-Holstein e. V.

Das Haus wurde in der Senke des Grundstückes plaziert und hier durch vorhandenen Baumbestand abgeschirmt. Der Kindergarten dient als Tagesstätte für drei- bis sechsjährige Kinder. Das Konzept der festen Gruppenteilung wurde aufgegeben zugunsten der individuellen Entfaltung des Kindes, baulich verwirklicht durch Großgruppenraum mit angrenzenden Sonderräumen zur freien Wahl der unterschiedlichen Angebote und der Aktionsgruppe. Mauerwerk mit schwarzer Schieferverkleidung, Holzleimbinderkonstruktion mit sichtbaren Holzbohlen.

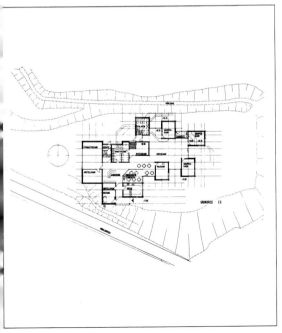

228

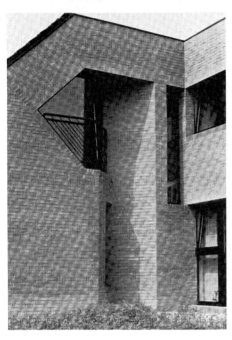

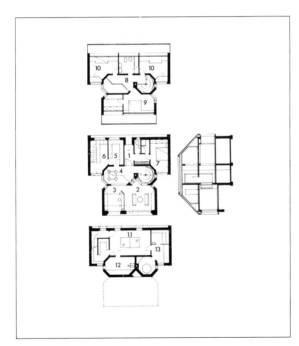

Boostedt
Einfamilienhaus, Heisterbarg 12

Baujahr 1976–1977
Architekt: Klaus Sye
Bauherr: G. + E. Lampe

Einfamilienhaus für eine vier-
köpfige Familie mit häufigem
Gästebesuch. Erdgeschoß: Se-
parater Gästeteil, Wohnbereich.
Obergeschoß: Schlafräume.
Durch versetzte Giebelbereiche
wurde vermieden, daß Kinderzimmer und Gastzimmer zum
Bauwich ausgerichtet sind. Rote
Backstein, schwarzgraue Pfan-
nen.

BDA-Preis 1979

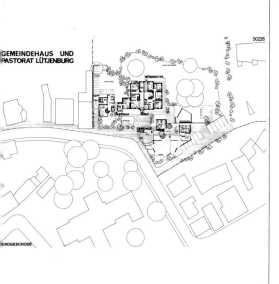

GEMEINDEHAUS UND
PASTORAT LÜTJENBURG

ERDGESCHOSS

Lütjenburg
Gemeindezentrum,
Wehdenstraße

Baujahr 1976/77
Architekten: Göttsch u. Hertzsch
Bauherr: Ev.-Luth. Kirchen-
gemeinde Lütjenburg

Die Neubauten schließen an die
zweigeschossige Bebauung der
um die Stadtkirche laufenden
Wehdenstraße an.

Wertvoller alter Baumbestand
wurde berücksichtigt.

Die vertikale Struktur der Fassade überspielt die beträchtlichen
Höhendifferenzen des Geländes
und integriert die im Untergeschoß liegenden Werk- und Ju-
gendräume.

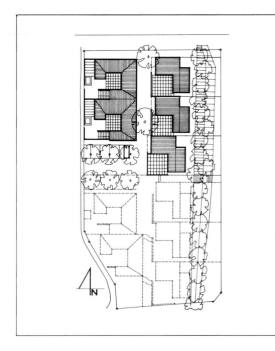

Norderstedt
SVEA-Hausgruppe auf der
Eurobau 1976,
Hans-Scharoun-Weg

Baujahr 1976/79
Architekten:
Städtebauliche Planung:
Architektenarbeitsgemeinschaf
Eurobau Norderstedt Bäumer u
Streb/Patschan-Werner-Win-
king/Schramm, Pempelfort, v.
Bassewitz, Huperts
Objektplanung:
Gartenhofhäuser: Bäumer u.
Streb
Atriumhäuser: Patschan-Wer-
ner-Winking
Bauherr: SVEA-HUS G. m. b.

Vier eingeschossige Atriumhäu
ser und ein zweigeschossiges
Würfelhaus auf der Westseite,
sechs zweigeschossige Garten
hofhäuser auf der Ostseite ein
Wohnweges bilden eine Gebä
degruppe.

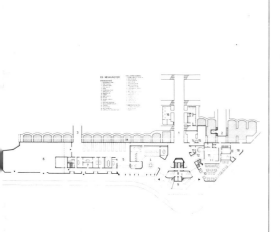

Neumünster

Empfangsgebäude der Bundesbahn,
Bahnhofstraße 1

Baujahr 1977
Architekten: Gerhard Sauerland,
Hochbaudezernent Gerhard
Schäfer, Deutsche Bundesbahn
Bauherr: Deutsche Bundesbahn
Bundesbahndirektion Hamburg

Ersatz für das alte Empfangsgebäude aus dem Jahre 1842.
Mauerwerks- bzw. Stahlbeton-
bauweise. Verkleidung: Holländi-
sche Handstrichziegel bzw.
sendzimirverzinkte und kunst-
stoffbeschichtete Trapezbleche.

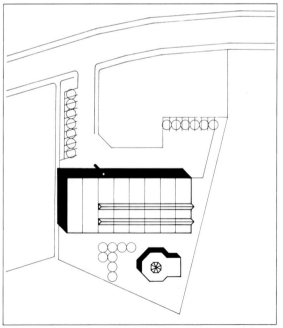

Lübeck-Schlutup
Wichern-Werkstätten,
Fabrikstraße 13

Baujahr 1977
Architekten: Dannien u. Fendric
Bauherr: Diakonisches Werk e. V
Lübeck

Das Werkstattgebäude dient de
Resozialisierung Nichtseßhafter
Es enthält Werkstätten für Holz
Metall- und Kunststoffarbeiten,
sowie Verwaltung und Kantine.
Im frei stehenden Wohnhaus le
eine Fünfer-Gruppe in eigener
Verantwortung.

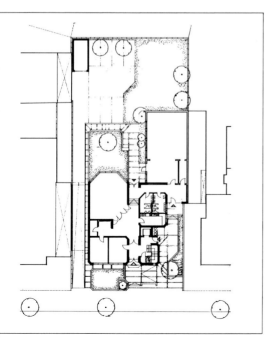

Kiel

Gemeindehaus Jacobi-Ost,
Knooper Weg 53

Baujahr 1977–1978
Architekten: Kahlcke und
Steingräber
Bauherr: Ev.-Luth. Kirchenge-
meinde Jacobi-Ost

Innerstädt. Baulücke neben dem
Damperhof (Seite 18). Gemeindehaus mit Gemeinderäumen,
Pastorat und Wohnungen für
kirchliche Mitarbeiter. Mauerwerksbau, rot verblendet, Dachfläche mit Asbest-Zementplatten,
anthrazit, Holzfenster und Türen
oliv grün.

Wettbewerb 1976: 1. Preis

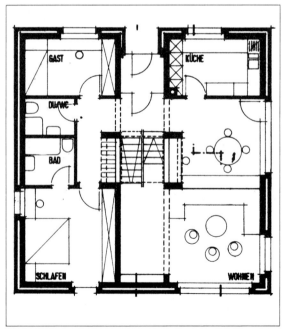

Boostedt
Wohnhaus für 2 Personen,
Heisterbarg 26

Baujahr 1977–1978
Architekt: Klaus Sye
Bauherr: K. H. Poser

Wohnhaus für zwei Personen auf
einem Nordhang. Aussicht nach
Norden. Durch Tieferlegen des
Wohnraumes Möglichkeit des
Ausblickes auch vom Eßplatz.
Südsonne durch pyramidenför-
miges Dachoberlicht über der
zentral angeordneten Treppe.
Der Entwurf entstand aus dem
ausdrücklichen Wunsch des Bau-
herrn, stereometrische und geo-
metrische Entwurfsgrundsätze
jederzeit gedanklich nachvollzie-
hen zu können.

Ellund, Autobahn A 7
Autobahngrenzübergang
Ellund/Frøsley an der deutsch-
dänischen Grenze

Baujahr 1977–1978
Architekten: Hain und Bülk mit
Landesbauamt Flensburg
Bauherr: Bundesrepublik
Deutschland

Das Dienstgebäude liegt auf der
deutschen Seite der Grenze. Die
Abfertigung erfolgt an den Kon-
trollboxen direkt am Fahrstreifen.
Dabei sitzen deutsche und däni-
sche Beamte in einer gemeinsamen Box.

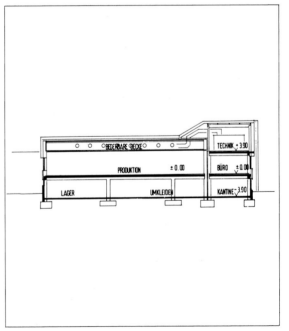

Lensahn
Produktions- und Lagergebäude

Baujahr 1977–1978
Architekt: Gerd Heene
Bauherr: TRANSCODAN Sven Husted-Andersen

In eine bestehende Bausubstanz mußte ein Neubau eingefügt werden, der sowohl die Funktionsbedürfnisse des Unternehmens als auch das Landschaftsbild berücksichtigt.

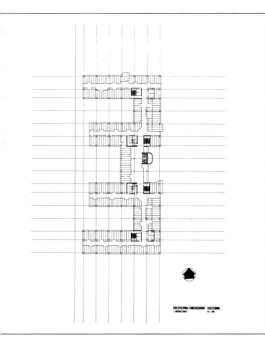

KREISVERWALTUNGSGEBÄUDE RATZEBURG

Ratzeburg

Verwaltungsgebäude der
Kreisverwaltung
Herzogtum Lauenburg,
Herrenstraße

Baujahr 1977—1980
Architekten: Schüler und Schleiff
Bauherr: Kreis Herzogtum
Lauenburg

Neubau in barockem Stadtkern.
Die Gebäude sind dicht an die
umgebenden Straßen herange-
rückt, um die charakteristische
Randbebauung wiederherzustellen. Gliederung durch Vor- und
Rücksprünge bewirkt Kleinmaß-
stäblichkeit.

Hofbildung im Innen- u. Außen-
bereich. Mehrgeschossige Eingangshalle.

Zur Anpassung an das Stadtbild
geneigte Dächer mit Ziegel-
deckung.

Stahlbeton-Konstruktion mit
Backsteinverblendung.

Wettbewerb 1. Preis

Oldenburg
Einfamilienhaus,
Wohngebiet Lankenkoppel

Baujahr 1978
Architekt: Sönke Blaue
Bauherr: Dr. Olderog

Haus eines Politikers mit Gesell-
schaftsräumen. Der Raumvielfalt
entsprechend reiche Gliederung
dabei Materialbeschränkung.
Gegeneinandergestellte Dächer
um den Hausmittelpunkt herum.

NORD

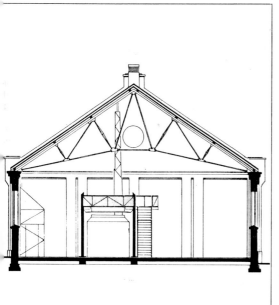

Schleswig
Umbau der Reithalle auf Schloß
Gottorf in ein Museum für zeit-
genössische Kunst, Schloßinsel

Baujahr 1978
Architekten: Rix, Lauffer, Hense.
Zentrale Planungsstelle der Lan-
desbauverwaltung Schleswig-
Holstein
Leiter: Meyer-Bohe
Bauherr: Land Schleswig-
Holstein

Der offene Raum der Reithalle
aus dem Jahre 1888 wurde trotz
notwendiger Einbauten erhalten.
Frei in den Raum gestellte
Empore. Moderne Formensprache neben alter Ingenieurtechnik.

Preis des Deutschen Stahlbaues
1978.
BDA-Preis 1979.
Ehrenpreis Internationaler
Architekturpreis 1980.

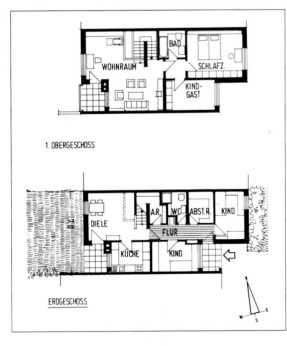

1. OBERGESCHOSS

ERDGESCHOSS

Kiel-Suchsdorf
Reihenhäuser

Baujahr: 1978—80
Architekten: Bolz, Detlefsen, Rödenbeck
Bauherr: Bauherrengemeinschaft

Auf Initiative der Stadt Kiel wurden auf kleinen Grundstücken von ca. 300 m² Reihenhäuser mit unkonventionellen, z. T. variablen Grundrissen errichtet. Kinderzimmer, Küche und Eßdiele im Erdgeschoß. Wohnraum und Schlafzimmer im Dachgeschoß, z. T. unter Ausnutzung des gesamten Dachraumes. Die übliche Zeilenmonotonie wird durch die Anordnung gereihter Giebel vermieden. Großformatige, rote Backsteinverblendung, Fenster und Verschalung hellgrüner Anstrich.

BDA-Preis 1979

Plön

Amtsgericht Plön,
Lütjenburger Straße

Baujahr 1978
Architekt: Landesbauverwaltung
Schleswig-Holstein, Landesbau-
amt Eutin
Gartenarchitekt: Ulrich Siller
Bauherr: Land Schleswig-
Holstein

Nördlicher Randbereich von Plön
an der B 430 Richtung Lütjenburg. Gliederung des Baukörpers
auf knappem Grundstück: vorne
Saaltrakt zweigeschossig, vor der
Waldkulisse Verwaltungstrakt
viergeschossig, als Bindeglied
Eingangs- und Treppenbereich.
Der rote Backstein in Handstrich-
struktur als dominierendes Ele-
ment auch im Innenbereich; Zie-
gelrelief in der Halle vor den
Sälen.

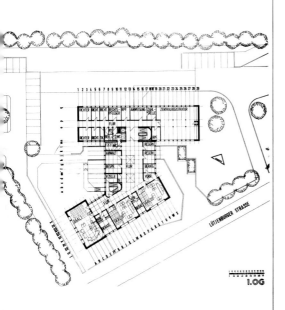

1.OG

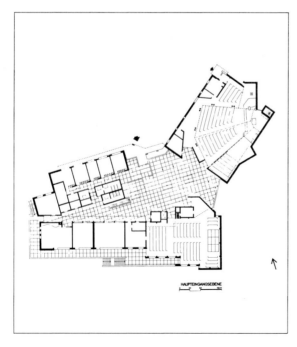

HAUPTEINGANGSEBENE

Kiel-Mettenhof
Ökumenisches Zentrum,
Skandinaviendamm

Baujahr 1978–1980
Architekt: Kurt Gelhaar
mit Ulrich Spyra
Bauherr: Ev.-Luth. Kirchen-
gemeindeverband Kiel, Kath. Kirchengemeinde St. Birgitta

Kirche, Gemeindehaus und Pa-
storate bilden einen Platz im
Schnittpunkt eines innerörtlichen
Fußwegenetzes. Die Höhenentwicklung der Baukörper folgt der
Verzahnung zwischen freier
Landschaft und städtischen
Strukturen. Das Zentrum wurde
gemeinsam von den evangeli-
schen und katholischen Kirchen-
gemeinden gebaut. Altargestal-
tung: Hubert Brandenberg. Bunt-
verglasung: Johannes Beeck.

Wettbewerb 1. Rang

rchitektenverzeichnis

rnold, Friedrich Georg *1889 †1968 Hamburg.
udium: TH-Charlottenburg, Darmstadt, München. Dipl.-Ing., Reichsbahndirektion Altona, Reichsbahnrat Flensburg. Nr. 55

rp, Peter *1925 Malente.
udium: Landesbauschule Lübeck. In Partnerschaft mit Architekten BDA Eckoldt und Dipl.-Ing. einschmidt, Eutin. Mitglied des BDA. Elisabethstraße 47, 2420 Eutin Nr. 183

smussen, Edgar *1934 Hoffnung.
udium: Staatliche Ingenieurschule für Bauwesen Köln. Mitglied des BDA. Schulstraße 1, 491 Jarplund/Weding. Nr. 155

aade, Jürgen *1935 Husum.
udium: Staatsbauschule Eckernförde. Mitglied des BDA. Arfrade 26, 2300 Kiel 1 Nr. 151, 227

achmann, Jürgen *1872 Nübel (Nordschleswig) †1951.
udium: TH-Charlottenburg. 1903–18 assoziiert mit Peter Jürgensen in Charlottenburg. Mitglied des BDA. Nr. 15

altzer, Johannes *1862 Bielefeld †1940 Lübeck.
udium: TH-Charlottenburg. Dipl.-Ing. 1890–92 Kirchenbauabteilung im Preuß. Ministerium für öffentliche beiten. Reg.-Baumeister in Plön. Seit 1898 Bauinspektor, 1903–29 Baudirektor in Lübeck. Nr. 8

on Bassewitz, Horst *1932 Ludwigslust.
udium: TH-Braunschweig. Dipl.-Ing. Mitarbeiter bei Professor Oesterlen. In Partnerschaft mit Dipl.-Ing. chramm, Pempelfort, Hupertz, Hamburg. Mitglied des BDA. Mühlenkamp 59, 2000 Hamburg 60 Nr. 192, 201, 212, 220

illing, Hermann *1867 Karlsruhe †1946 Karlsruhe.
udium: TH-Karlsruhe. Dipl.-Ing. Seit 1893 freischaffender Architekt in Karlsruhe. 1907–1935 Professor i der TH-Karlsruhe. Dr. phil. h. c., Mitglied des BDA. Nr. 23

laue, Sönke *1937 Kiel.
udium: TH-Karlsruhe. Dipl.-Ing. 2261 Jardelund Nr. 161, 181, 182, 193, 238

lunck, Erich *1872 Heide/Holstein †1950.
udium: TH-Charlottenburg (bei Schmalz). Dipl.-Ing. 1899 Regierungsbaumeister. 1910–37 Professor an er TH-Charlottenburg. Seit 1919 Provinzialkonservator der Mark Brandenburg. Mitglied der Akademie der ünste und der Akademie des Bauwesens. Mitglied des BDA. Nr. 19

olz, Dietrich *1927 Berlin.
udium: TU-Berlin (bei Tessenow). Dipl.-Ing. In Partnerschaft mit Dipl.-Ing. Detlefsen, Kiel. Mitglied des DA. Herderstraße 2, 2300 Kiel 1 Nr. 125, 150, 175, 196, 223, 240

omhoff, Heinrich *1878 Westerland/Sylt †1949 Hamburg.
udium: Baugewerkschule Eckernförde und TH-Hannover (bei Mohrmann). 1928–49 in Partnerschaft mit ermann Schöne, Hamburg. Mitglied des BDA. Nr. 64, 101

rockstedt, Carsten *1938 Hamburg.
udium: TH-Stuttgart. Dipl.-Ing. In Partnerschaft mit Dipl.-Ing. Discher, Kiel. Mitglied des BDA. inckestraße 18, 2300 Kiel 1 Nr. 198, 199, 208, 216, 224

Bruhn, Arnold *1879 Lütjenburg, Kr. Plön †1961 Kiel-Kronshagen
Studium: Baugewerkschule Eckernförde und TH-Darmstadt. Ab 1906 freischaffender Architekt in Kiel, ab 1913 in Kronshagen (Kreis Rendsburg-Eckernförde). Mitglied des BDA. Nr. 65, 11

Bülk, Heinrich *1920 Neumünster
Studium: Staatsbauschule Eckernförde. In Partnerschaft mit Dipl.-Ing. Hain, Neumünster. Mitglied des BDA Holsatenring 90, 2350 Neumünster. Nr. 115, 128, 135, 139, 158, 164, 165, 19

Christophersen, Otto *1910 Kiel
Studium: TH-Stuttgart. Mitglied des BDA. Schlieffenallee 24, 2300 Kiel 1. Nr. 12

Claussen, Rolf *1937 Friedrichskoog/Dithm.
Studium: Ingenieurschule für Bauwesen. Mitglied des BDA. Schüttberg 12, 2054 Geesthacht Nr. 22

Curjel, Robert *1859 Karlsruhe †1925 Schönegg (Schweiz).
Studium: TH-Karlsruhe und München. 1888–1915 assoziiert mit Karl Moser in Karlsruhe. Nr. 1

Dall, Andreas Hans Maria *1882 Jels (Kreis Hadersleben) †1975 Apenrade (Dänemark).
Studium: Baugewerkschule Eckernförde und TH-Darmstadt. Freischaffender Architekt in Flensburg Sonderburg und Aarhus. Mitglied des BDA. Nr. 5

Dannien, Kuno *1931 Lübeck.
Studium: Landesbauschule Lübeck. In Partnerschaft mit Dipl.-Ing. Fendrich, Lübeck. Mitglied des BDA Koberg 21, 2400 Lübeck Nr. 136, 141, 145, 187, 195, 23

Detlefsen, Klaus *1928 Lübeck.
Studium: TU-Berlin (bei Tessenow). Dipl.-Ing. Lehrauftrag an der Fachhochschule Kiel, Fachbereic Gestaltung. In Partnerschaft mit Dipl.-Ing. Bolz, Kiel. Mitglied des BDA. Herderstraße 2, 2300 Kiel 1 Nr. 125, 150, 175, 196, 223, 24

DB Bundesbahndirektion
– Bauverwaltung Sterkrade in Zusammenarbeit mit Gutehoffnungshütte und Dr. Ing. Lohmer Nr. 13
– Bauverwaltung Hamburg Nr. 23

Diedrichsen, Hans-Peter *1934 Kiel.
Studium: Staatsbauschule Eckernförde und TH-Braunschweig. Dipl.-Ing. Mitarbeiter bei Prof. Dr.-Ing Kraemer, Braunschweig. In Partnerschaft mit Dr.-Ing. Hoge, Kiel. Mitglied des BDA. Herderstraße 2 2300 Kiel 1 Nr. 132, 147, 19

Discher, Ernst *1935 Neuenrade/Westf.
Studium: TU-Karlsruhe. Dipl.-Ing. In Partnerschaft mit Dipl.-Ing. Brockstedt, Kiel. Mitglied des BDA Quinckestraße 18, 2300 Kiel 1 Nr. 198, 199, 208, 216, 22

Dissing, Hans *1926 Holstebro/Dänemark.
Studium: Königliche Akademie der schönen Künste in Kopenhagen. In Partnerschaft mit Otto Weitling Mitglied des MAA. Overgaden neden Vandet 45–47, DK 1414 Kopenhagen K Nr. 18

Doormann, Karl *1891 Kiel.
Studium: TH-München, Darmstadt, Danzig und Berlin. 1921 Reg.-Baumeister. Seit 1921 bei der Heimstätt Schleswig-Holstein, seit 1932 freischaffend in Kiel. Mitglied des BDA. von der Tannstraße 5, 2300 Kiel 1 Nr. 11

Dülfer, Martin *1859 Breslau †1942.
Studium: TH-Hannover, Stuttgart, München. Dipl.-Ing. Freischaffend in München. Seit 1906 Professor a der TH-Dresden. Mitglied des BDA. 1908–12 Präsident des BDA. Nr. 2

hlers, Walter *1936 Lehre/Braunschweig.
udium: TH-München und TH-Braunschweig. Dipl.-Ing. In Partnerschaft mit Dipl.-Ing. Storch, Hannover.
itglied des BDA. Adelheidstraße 18, 3000 Hannover 1 Nr. 171

ndell, August *1871 Berlin †1925 Breslau.
utodidakt. Nach Studium der Philosophie Architekt und Kunstgewerbler. Seit 1896 in München, seit 1901
Berlin. Ab 1918 Direktor der Kunstgewerbeschule in Breslau. Nr. 1

sau, Peter *1934 Marienburg/Westpreußen
udium: TH-Braunschweig. Dipl.-Ing. In Partnerschaft mit Dipl.-Ing. Griesenberg, Ahrensburg. Mitglied des
DA. Manhagener Allee 23, 2070 Ahrensburg Nr. 184

sselmann, Heinz
s etwa 1930 assoziiert mit Max Gerntke in Hamburg. Mitglied des BDA. Nr. 82

eldsien, Werner *1923 Stubben (Kreis Segeberg).
udium: Staatsbauschulen Lübeck und Buxtehude. Architekt BDA. Am Schaafredder 8, 2358 Kaltenkirchen
Nr. 159, 160, 173, 188, 194, 210

endrich, Uli *1932 Danzig.
udium: Staatsbauschule Lübeck, TH-Braunschweig. Dipl.-Ing. In Partnerschaft mit Dannien, Lübeck.
tglied des BDA. Koberg 21, 2400 Lübeck Nr. 187, 195, 232

scher, Carl-Friedrich *1909 Kiel.
udium: TH-Hannover und TH-Berlin (bei Tessenow). Dipl.-Ing. Mitglied des BDA. Neuer Wall 41,
00 Hamburg 36 Nr. 115

rancke, Carl Ingenieurbüro für Wasserversorgung und Kanalisation, Bremen Nr. 34

rank, Hermann †1941.
udium: Volkswirt. 1924 Gründung einer Bauträgergesellschaft in Hamburg zusammen mit seinem Bruder
aul A. R. Frank. Nr. 112

rank, Paul A. R. *1878 Hamburg †1951 Hamburg.
udium: Landeskunstschule Hamburg. 1912 Gründung einer Firma für Spezialbauausführungen, 1924
eischaffender Architekt in Hamburg, Bauträgergesellschaft mit seinem Bruder Hermann Frank. Mitglied
er Deutschen Akademie für Bauforschung. Nr. 112

reese, Harro *1927 Bordesholm.
udium: Landeskunstschule am Lerchenfeld (HfbK-Hamburg). Mitglied des BDA. Große Bergstraße 142,
00 Hamburg 50 Nr. 137, 149

arleff, Johann *1878 Oldenburg/Holstein †1976 Bordesholm.
udium: TH-Karlsruhe (bei Schäfer und Ratzel). Dipl.-Ing. Tätigkeit in Coburg, Posen, Erfurt und Solingen.
909–1932 Kreisbaurat des Kreises Bordesholm. Mitglied des BDA. Nr. 32, 36

elhaar, Kurt *1938 Neustettin/Pommern.
mmererlehre, Bauschule Hamburg, TU-Berlin (bei Kreuer und Koller). Dipl.-Ing. Mitglied des BDA. Kieler
raße 1, 2358 Kaltenkirchen Nr. 200, 242

on Gerkan, Meinhard *1935 Riga.
udium: TU-Berlin, TU-Braunschweig. Dipl.-Ing. Professor Ordinarius für Entwerfen an der TU-
aunschweig. In Partnerschaft mit Dipl.-Ing. Marg, Hamburg. Mitglied des BDA. St.-Benedict-Straße 8,
00 Hamburg 13 Nr. 215, 217, 225

Gerntke, Max *1895 Hamburg †1964 Hamburg.
Studium: Baugewerkschule Hamburg. Freischaffend. Bis etwa 1930 assoziiert mit Heinz Esselmann
Hamburg. Mitglied des BDA.   Nr. 8

Giesenhagen, Peter
Studium: Bauschule Eckernförde. 1927–47 Leiter des Stadtbauamtes Preetz.   Nr. 87

Glogner, Willy *1869 Lübeck †1968 Lübeck.
Studium: Baugewerkschule Eckernförde, TH-Charlottenburg. Freischaffender Architekt in Lübeck. Mitglied
des BDA.   Nr. 12, 109

Göbel, Eugen *1875 Rimbach.
Studium: TH-Darmstadt. Dipl.-Ing. Seit 1900 bei der Baudeputation Hamburg. 1925 Oberbaurat bei de
Baubehörde Hamburg III, Hochbauabteilung.   Nr. 98

Göttsch, Jürgen *1935 Kiel.
Studium: Bauschule der Freien und Hansestadt Hamburg. In Partnerschaft mit Dipl.-Ing. Hertzsch
Kiel-Holtenau. Mitglied des BDA. Richthofenstraße 31, 2300 Kiel-Holtenau   Nr. 131, 157, 229

Grau, Heinz *1910 Schönlanke (Netzekreis).
Studium: TH-Danzig, University College Dublin, National Arts School, Regierungsbaumeister a. D. Frühe
in Partnerschaft mit Schürer, Partnerschaft mit Beth und Stange, Lübeck. Stresemannstraße 38
2400 Lübeck   Nr. 121

Griesenberg, Rolf *1935 Hamburg.
Studium: TH-Braunschweig. Dipl.-Ing. In Partnerschaft mit Dipl.-Ing. Esau, Ahrensburg. Mitglied des BDA
Manhagener Alle 23, 2070 Ahrensburg   Nr. 184

Groth, Klaus *1893 Pinneberg †1979 Pinneberg.
Studium: Baugewerkschulen Hamburg und Eckernförde, TH-Darmstadt (bei Putzer). 1918–63
freischaffend in Pinneberg. Mitglied des BDA.   Nr. 74, 106

Grundmann, Friedhelm *1925 Bad Warmbrunn/Schlesien.
Studium: TH-München. Dipl.-Ing. Dozent an der FHS-Hamburg. Mitglied des BDA. Eickhoffweg 42 a
2000 Hamburg 70   Nr. 152, 166, 170, 178

Häring, Hugo *1882 Biberach a. d. Riß †1958 Göppingen.
Studium: TH-Stuttgart. Seit 1921 freischaffend in Berlin, Sekretär der „Architektenvereinigung der Ring"
Mitglied des Deutschen Werkbundes.   Nr. 57

Hahn, Willy *1887 Krieschow/Krs. Kottbus †1930 Freiburg i. B.
Dr.-Ing., Baurat in Rüstringen. 1921–29 Leiter des Städt. Hochbau- und Siedlungsamtes Kiel, Stadtbaurat.
                                                                                                     Nr. 59, 88, 89

Hain, Friedrich Wilhelm *1891 Dortmund †1951 Neumünster.
Studium: Bildhauer und Modelleur an der Kunstgewerbeschule Dortmund. Ab 1910 in Architekturbüros. Sei
1922 freischaffender Architekt in Neumünster. Mitglied des BDA.   Nr. 61

Hain, Friedrich Wilhelm *1928 Neumünster.
Studium: TH-München, TH-Hannover. Dipl.-Ing. Lehrauftrag an der Fachhochschule Kiel, Fachbereich
Gestaltung. In Partnerschaft mit Bülk, Neumünster. Mitglied des BDA. Holsatenring 90, 2350 Neumünster
                                                                        Nr. 128, 135, 139, 158, 164, 165, 190

Hansen, Hans Helmut *1926 Bremen.
Studium: Bau- und Ingenieurschule Bremen. In Partnerschaft mit Dipl.-Ing. Schlums, Westerland/Sylt
Mitglied des BDA. Bundiswung 37, 2280 Westerland/Sylt   Nr. 224

Horenburg, Karl *1909 Lübeck.
Studium: Fachhochschule Breslau, Kunstakademie Breslau, Assistent bei Professor H. Scharoun
Eichenweg 17, 2400 Lübeck   Nr. 122, 136, 141, 14!

Hormann, Johannes *1886 †1930 Hamburg.
Gemeinsames Architekturbüro mit Christian Zauleck in Hamburg.   Nr. 5(

Hossfeld, Oskar *1848 Schulpforta †1915 Bad Wildungen.
Studium: Bauakademie in Berlin (bei Strack). 1875 Regierungsbaumeister. 1899 Vortragender Rat in
Ministerium der öffentlichen Arbeiten, Geh. Oberbaurat in Berlin. Schriftleiter der ,,Zeitschrift für Bauwesen''.
                                                                         Nr. 1'

Hupertz, Stephan *1940 Hamburg.
Studium: TH-München, Zürich, Diplom in München. Dipl.-Ing. In Partnerschaft mit Dipl.-Ing. Schramm
Pempelfort, von Bassewitz, Hamburg. Mitglied des BDA. Mühlenkamp 59, 2000 Hamburg 60
                                                                    Nr. 201, 212, 22(

von Ihne, Ernst Eberhard *1848 Elberfeld †1917 Berlin.
Studium: TH-Karlsruhe, Charlottenburg und Paris. Freischaffend in Berlin. 1896 Geh. Oberhofbaurat. 190(
geadelt.   Nr. (

Jacobsen, Arne *1902 Gentofte/Dänemark †1971.
Studium: Königliche Kunstakademie der schönen Künste in Kopenhagen. Mitglied des MAA. Früher i(
Partnerschaft mit Weitling. Ab 1971 Dissing und Weitling, Kopenhagen.   Nr. 18(

Jensen, Herbert *1900 Kiel †1968 Dortmund.
Studium: TH-Karlsruhe. Dipl.-Ing. Regierungsbaumeister. Seit 1935 Magistratsoberbaurat und Stadtplane(
in Kiel, Stadtbaurat. Seit 1962 Professor an der TH-Braunschweig. Vizepräsident der Deutschen Akademi(
für Städtebau und Landesplanung.   Nr. 111, 11:

Jürgensen, Peter *1873 Dellstedt (Kreis Dithmarschen) †1954 Freiburg i. B.
Studium: Baugewerkschule Eckernförde und TH-Charlottenburg (bei Otzen, Vollmer, Hehl). 1903−191(
assoziiert mit Jürgen Bachmann in Charlottenburg. 1915 Mitglied der Preuß. Akademie des Bauwesens
Mitglied des BDA.   Nr. 1(

Jungjohann, Hans *1920 Bordesholm.
Studium: TH-Hannover. Dipl.-Ing. In Partnerschaft mit Dipl.-Ing. Hoffmann, Kiel. Mitglied des BDA. Dänisch
Straße 24, 2300 Kiel 1   Nr. 189, 202, 213, 22

Kahlcke, Peter *1928 Rendsburg.
Studium: Staatsbauschule Eckernförde. In Partnerschaft mit Dipl.-Ing. Steingräber, Kiel. Mitglied des BDA
Holtenauer Straße 284, 2300 Kiel 1   Nr. 23(

Kallmorgen, Georg *1862 Altona †1924.
Studium: TH-Charlottenburg (bei Raschdorff und Otzen). Dipl.-Ing. Seit 1890 assoziiert mit Werner Lund(
Hamburg. 1908−12 Senator für das Bauwesen der Stadt Altona. Mitglied des BDA.   Nr. (

Kelm, Adelbert *1856 †1939 Kiel.
1891−1902 Stadtbaurat in Gleiwitz. Seit 1902 Garnison-Bauinspektor in Kiel, Regierungsbaurat. Vorsteh(
des Marinebauamtes Kiel-Wik.   Nr. 22, 62, 7

Klatt, Ewald Martin Johannes *1877 Klup (Pommern) †1936 Kiel.
Studium: TH-Charlottenburg (bei Strack und Hehl). Dipl.-Ing. Regierungsbaumeister am Kaiserliche
Kanalamt Brunsbüttel. Seit 1912 Landesbaurat bei der Provinzialverwaltung Schleswig-Holstein in Kiel.
                                                                          Nr. 44, 6(

lingholz, Fritz *1861 Wuppertal-Barmen †1921.
udium: TH-Stuttgart und Charlottenburg. Dipl.-Ing. 1892–1904 Regierungsbaumeister im Ministerium der 'entlichen Arbeiten Berlin. 1905 Professor an der TH-Aachen, 1908 TH-Hannover, 1911 1-Charlottenburg. Dr.-Ing. e. h. Nr. 12

reis, Wilhelm *1873 Eltville/Rhein †1955 Bad Honnef/Rhein.
udium: TH-München, Karlsruhe, Charlottenburg, Braunschweig. Dipl.-Ing. 1909 Direktor der instgewerbeschule Düsseldorf. 1926 Professor an der Kunstakademie Dresden. Mitglied des BDA. '27–33 Präsident des BDA. Nr. 6

reisel, Gerhard *1926 Gehren/Thüringen.
udium: TH-Darmstadt. Dipl.-Ing. Oberpostdirektor, Bauabteilung der Oberpostdirektion Kiel. Sprenger-ch 2, 2301 Rotenhahn b. Kiel Nr. 144, 203

üthe, Horst *1927 Duisburg.
udium: TU-Hannover. Professor, Hochschullehrer. Ehemalige Architektengemeinschaft mit Professor ndzettel, Hannover. Mitglied des BDA. Alte Rehre 8, 3007 Gehrden Nr. 142

on Ladiges, Carl *1878 Ipland (Kreis Schleswig-Flensburg) †1952 Lübeck.
eischaffend in Lübeck. Seit 1933 zurückgezogen lebend als Gutsbesitzer. Mitglied des BDA. Nr. 86

andesbauverwaltung Schleswig-Holstein, 2300 Kiel 1
Zusammenarbeit mit:
chitekt BDA Professor Zinsser, Hannover Nr. 123
chitekt BDA Peter Neve, Hamburg Nr. 131
chitekt BDA Professor von Gerkan, Hamburg Nr. 217
chitekt BDA Marg, Hamburg Nr. 217
chitekt BDA Nickels, Hamburg Nr. 217
chitekt BDA Rödenbeck, Kiel † Nr. 219
ndesbauamt Kiel I Nr. 131, 209
ndesbauamt Kiel II Nr. 151, 185
ndesbauamt Eutin Nr. 140, 154, 241
ndesbauamt Flensburg Nr. 235
ndesbauamt Schleswig Nr. 219
ntrale Planungsstelle, Kiel Nr. 239

andeshauptstadt Kiel
Zusammenarbeit mit: Städt. Baudirektor R. Schroeder †. Rathaus, 2300 Kiel 1 Nr. 113, 133

andzettel, Wilhelm *1926 Witten/Ruhr.
udium: TH-Darmstadt. Früher in Partnerschaft mit Professor Küthe. Professor an der TU-Hannover. hloßwender Straße 1, 3000 Hannover Nr. 142

angmaack, Gerhard *1898 Hamburg.
udium: Baugewerkschule Hamburg. D. theol. Mitglied des BDA. Koppel 55, 2000 Hamburg 1 Nr. 120

embke, Carl *1885 Wandsbek.
udium: TH-Karlsruhe und Charlottenburg. Dipl.-Ing. Reg.-Baumeister. 1919–27 Stadtbaumeister in rburg. 1927–33 Stadtbaurat von Neumünster. Dr.-Ing. 1937–45 Landesplanung Hannover, Prov. ierbaurat. Lebt in Hannover. Nr. 91, 99

enschow, Wilhelm *1878 Blüssen/Mecklb. †1937 Lübeck.
eischaffender Architekt in Lübeck. Mitglied des BDA. Nr. 93

essow, Volker *1939 Burgdorf.
udium: Staatsbauschule Eckernförde. Freischaffender Architekt. Alte Landstraße, 2381 Selk Nr. 181

Lohmer, Gerd *1909 Köln.
Studium: TH-Aachen, München, Stuttgart. Dr.-Ing. Mitarbeiter von Professor Bonatz. Mitglied des BDA
Hebbelstraße 30, 5000 Köln 50 (Rodenkirchen)   Nr. 13

Lohr, Georg *1861 Speyer †1945 Fissau (Kreis Ostholstein).
Studium: TH-Charlottenburg und München. Dipl.-Ing. Regierungsbaumeister. 1900−27 Leiter de
Staatshochbauamtes Kiel I, seit 1924 als Oberbaurat.   Nr. 2

Lütcke, Hubert *1887 Kirchhain/Hessen †Treysa.
Studium: TH-Berlin, Dipl.-Ing. Reg.-Baumeister in Niebüll. 1926−33 Reg.-Baurat, Leiter des Univ.-Bauamt
Marburg/Lahn. 1934−43 Bau- und Finanzdirektion Berlin. Bis 1950 Vorsteher des Staatshochbauamte
Schleswig.   Nr. 5

Lundt, Werner *1859 Hamburg †1938 Hamburg.
Studium: TH-Charlottenburg (bei Raschdorf). Dipl.-Ing. Regierungsbaumeister. Seit 1890 assoziiert m
Georg Kallmorgen, Hamburg.   Nr.

Mannhardt, Carl *1876 Schwetzingen/Baden †gefallen im 1. Weltkrieg.
Studium: TH-Karlsruhe und München. Freischaffender Architekt in Kiel. Mitglied des BDA.   Nr. 4

Marg, Volkwin *1936 Königsberg/Ostpreußen.
Studium: TU-Berlin, TH-Delft/Niederlande, TU-Braunschweig. Dipl.-Ing. In Partnerschaft mit Professor vo
Gerkan, Hamburg. Mitglied des BDA. Präsident des Bundes Deutscher Architekten. St.-Benedic
Straße 8, 2000 Hamburg 13   Nr. 215, 217, 22

Meesenburg, Reinhard *1924 Flensburg.
Studium: TH-Darmstadt, Karlsruhe. Dipl.-Ing. Seit 1971 angestellter Architekt an der Universität Tübinge
– Bauamt –, vorher freischaffend. Erlenweg 2, 7400 Tübingen   Nr. 14

Moser, Karl *1860 Baden/Schweiz †1936 Zürich.
Studium: TH-Zürich und Paris. 1888−1915 in Karlsruhe, assoziiert mit Robert Curjel. Seit 1915 Professo
an der TH-Zürich.   Nr. 1

Mühlenpfordt, Karl *1878 Blankenburg/Harz †1944 Lübeck.
Studium: TH-Braunschweig. Dipl.-Ing. Dozent an der Baugewerkschule Holzminden, 1906 Regierungs
baumeister, 1907 Bauinspektor für die Abteilung Hochbau beim Bauamt Lübeck, 1910 Baurat. Seit 191
Professor an der TH-Braunschweig. Mitglied des BDA.   Nr. 31, 3

Mühlke, Karl *1851 Frankfurt/Oder.
Geheimer Reg.- und -Baurat in Schleswig.   Nr.

Müller, Günter H. *1930 Eisfeld/Thür.
Studium: Staatliche Ingenieurschule für Bauwesen in Gotha – Fachrichtung Architektur – Beamtete
Architekt bei der Oberpostdirektion Kiel. Charles-Ross-Ring 29, 2300 Kiel-Wik   Nr. 20

Münzer, Gustav August *1887 Örlsdorf bei Coburg †1973 Düsseldorf.
Studium: Baugewerbeschule Coburg (bei Kreis). Freischaffend in Düsseldorf. Professor h. c. Mitglied de
Deutschen Akademie für Städtebau und Landesplanung. Mitglied des BDA.   Nr. 8

Muthesius, Hermann *1861 Groß-Neuhausen/Thür. †1927 Berlin.
Studium: TH-Charlottenburg. Dipl.-Ing. 1896−1903 Attaché an der Deutschen Botschaft London. Dr.-In
1904−26 Geheimrat im Preußischen Handelsministerium, Berlin. Mitbegründer des Deutsche
Werkbundes.   Nr.

Neve, Peter *1906 Kiel.
Studium: Handwerker- und Kunstgewerbeschule Kiel – Architekturklasse, FH-Hamburg. Mitglied des BDA
Oberstraße 138, 2000 Hamburg 13   Nr. 13

eveling, Wilhelm *1908 Berlin-Pankow †1978 Kiel.
tudium: Universität Berlin, TH-Berlin. Dipl.-Ing. Mitglied des BDA.   Nr. 151

ickels, Klaus †1934 Hamburg.
tudium: TH-Braunschweig. Dipl.-Ing. In Partnerschaft mit Ohrt, Hamburg. Mitglied des BDA.
opstockstraße 13, 2000 Hamburg 13   Nr. 205, 217.

olde, Emil (Emil Hansen) *1867 Nolde (Nordschleswig) †1956 Seebüll (Kreis Nordfriesland).
tudium: Bildhauer und Maler in Flensburg, München, Paris und Kopenhagen. Seit 1918 wechselnd in Berlin
nd auf seinem Hof Seebüll. 1906–1908 Mitglied der „Brücke".   Nr. 85

berpostdirektion OPD
Zusammenarbeit mit Architekten Müller und Kreisel. Andreas-Gayk-Straße, 2300 Kiel 1   Nr. 144, 203

elker, Wilhelm
egierungsbaumeister. Vorsteher des Staatl. Preuß. Hochbauamtes Flensburg.   Nr. 60, 79

hrt, Timm *1935 Hamburg.
tudium: TH-Braunschweig. In Partnerschaft mit Dipl.-Ing. Nickels, Hamburg. Mitglied des BDA.
opstockstraße 13, 2000 Hamburg 50   Nr. 205

atschan, Dieter *1936 Berlin.
tudium: TU-Berlin. Dipl.-Ing. In Partnerschaft mit Dipl.-Ing. Werner und Winking, Hamburg. Mitglied des
DA. Feldbrunnenstraße 53, 2000 Hamburg 13   Nr. 169, 204, 230

auly, Georg *1865 Berlin †1951 Büsum (Kreis Dithmarschen).
tudium: TH-Charlottenburg. Dipl.-Ing. Regierungsbaumeister. 1899 Stadtbauinspektor, 1903–1922
tadtbaurat der Stadt Kiel, Leiter des Hochbauamtes und der Baupolizeiverwaltung.   Nr. 27

empelfort, Gerd *1928 Düsseldorf.
tudium: TH-Hannover. Dipl.-Ing. In Partnerschaft mit Dipl.-Ing. Schramm, von Bassewitz, Hupertz,
amburg. Mitglied des BDA. Mühlenkamp 59, 2000 Hamburg 60   Nr. 201, 212, 220

enners, Wilhelm *1880 Aachen †1957 Hannover.
udium: TH-Aachen. Dipl.-Ing. Regierungsbaumeister. 1910 Marinebaumeister in Cuxhaven, Kiel,
ensburg. 1919–1933 Regierungsbaurat, Leiter des Reichsbauamtes Flensburg. 1933–1948
berregierungsbaurat an den Oberfinanzpräsidien Königsberg und Hannover.   Nr. 81

etersen, Julius *1883 Hollmühle bei Sörup (Kreis Schleswig-Flensburg).
udium: TH-Karlsruhe (bei Ostendorf und Billing) und TH-Braunschweig (bei Pfeiffer). Dipl.-Ing. 1916
egierungsbaumeister. 1925–1934 Stadtbaurat von Schleswig. 1934–1953 Professor an der TH
raunschweig.   Nr. 68, 77

ieper, Hans *1882 Landsberg/Warthe †1946 Lübeck.
udium: TH-Darmstadt. Dipl.-Ing. Tätig bei der Bauverwaltung in Köln. 1929–1946 Baudirektor in Lübeck.
        Nr. 103

rinz, Ernst *1878 Achterwehr (Kreis Rendsburg-Eckernförde) †1974 Felde-Hochfeld (Kreis
endsburg-Eckernförde).
udium: TH-Charlottenburg und Karlsruhe (bei Schäfer, Billing und Adler). Dipl.-Ing. Seit 1907 freischaffend
Kiel. Mitglied der Preuß. Akademie des Bauwesens. Mitglied des BDA.   Nr. 18, 30, 42, 48, 80, 111

yykkö, Into *1928 Viipuri/Finnland.
udium: Architekturstudium an den finnischen Universitäten. Fredrikinkatu 61, Helsinki, Finnland   Nr. 206

Reese, Paul *1872 Neumünster †1943 Neumünster.
Studium: Nach Zimmererlehre Baugewerkschule, Gasthörer TH-Charlottenburg. Ab 1899 Stadtbaumeiste
in Neumünster, 1920—1937 Stadtbaurat von Neumünster.   Nr. 25, 7

Rehder, Otto *1924 Wandsbek (Kreis Stormarn).
Studium: Bauschule Hamburg. In Partnerschaft mit Dipl.-Ing. Friedhelm Grundmann, Hamburg. Mitglie
des BDA. Eickhoffweg 42, 2000 Hamburg 70   Nr. 17

Riemerschmid, Richard *1868 München †1957 München.
Studium: der Malerei in München. 1912—1924 Direktor der Kunstgewerbeschule München, seit 1926 de
Kölner Werkschulen. Professor. Mitbegründer des Deutschen Werkbundes. Mitglied des BDA.   Nr.

Rieve, Georg *1888 Tating (Kreis Nordfriesland) †1966 Flensburg.
Studium: Baugewerkschule Eckernförde und TH-Hannover. Seit 1921 freischaffend in Flensburg. Mitglie
des BDA.   Nr. 100, 1C

Rieve, Theodor *1878 Tating (Kreis Nordfriesland) †1959 Flensburg.
Studium: Baugewerkschule Eckerförde und TH-Hannover. 1908—1946 Stadtarchitekt in Flensburg.
                                                                                               Nr. 43, 8

Rödenbeck, Dieter *1922 Kiel, †1977 Kiel.
Studium: HTL-Eckernförde. Seit 1972 in Partnerschaft mit Dipl.-Ing. Bolz und Detlefsen, Kiel.Mitglied de
BDA.   Nr. 219, 24

Rohwer, Carl Hermann *1882 Nübbel (Kreis Rendsburg-Eckernförde) †1971 Rendsburg.
Freischaffender Architekt in Rendsburg. Mitglied des BDA.   Nr. 9

Ross, Hans *1873 Schleswig †1922 Neumünster.
Studium: TH-München (bei v. Thiersch). Freischaffend in Neumünster und Kiel.   Nr. 34, 38, 4

Runge, Alfred *1880 Flörkendorf Mühle †1961 Travemünde.
Studium: Bauschule Lübeck, TH-Hannover und Karlsruhe. Freischaffend in Lübeck. Mitglied des BDA.
                                                                                               Nr. 9

Scheuermann, Karl-Heinz *1920 Lüneburg.
Studium: TH-Hannover (bei Fiederling). Dipl.-Ing. Mitglied des BDA. Wandsbeker Markstraße 4
2000 Hamburg 70   Nr. 115, 16

Schleiff, Hans-Hermann *1929 Rostock.
Studium: TH-Darmstadt. Dipl.-Ing. In Partnerschaft mit Dipl.-Ing. Schüler, Rendsburg. Mitglied des BD.
Schleswiger Chaussee 22, 2370 Rendsburg   Nr. 143, 156, 197, 2

Schlums, Martin *1936 Dessau.
Studium: TU-Hannover, Karlsruhe. Dipl.-Ing. In Partnerschaft mit Hansen, Westerland. Mitglied des BD.
Bundiswung 37, 2280 Westerland/Sylt   Nr. 22

Schlund, Horst *1934 Hamburg.
Studium: Bauschule der Freien und Hansestadt Hamburg. Mitglied des BDA. Mühlenredder 12
2057 Reinbek   Nr. 17

Schmidt, Joachim *1942 Neumünster.
Studium: Fachhochschule für Gestaltung Kiel. Leitender Architekt bei der Wohnzeitschrift „zuhause
Hamburg. Hahnknüll 43, 2350 Neumünster   Nr. 167, 2

Schmohl, Robert *1855 Isny/Wttbg.
Dr.-Ing. Baurat. Seit 1892 Leiter der Krupp'schen Bauverwaltung in Essen.   Nr.

:hnittger, Dieter *1938 Kiel.
udium: Staatsbauschule Eckernförde, TH-Stuttgart, TH-Braunschweig. Dipl.-Ing. In Partnerschaft mit ns-Joachim und Dipl.-Ing. Knud Schnittger, Kiel. Mitglied des BDA. Düppelstraße 26–28, 2300 Kiel 1
Nr. 172

:hnittger, Hans *1873 Nübbel (Kreis Rendsburg-Eckernförde) † 1934 Kiel.
udium: TH-München und Charlottenburg. Seit 1899 freischaffend in Kiel. Konsistorialbaumeister. Mitglied s BDA.
Nr. 16, 35, 72

:hnittger, Hans-Joachim *1935 Kiel.
udium: HTL-Lübeck. In Partnerschaft mit Dipl.-Ing. Dieter und Knud Schnittger, Kiel. Mitglied des BDA. ppelstraße 26–28, 2300 Kiel 1
Nr. 172

:hnittger, Otto *1905 Kiel.
udium: Staatsbauschule Eckernförde, TH-Stuttgart, TH-Braunschweig. Mitglied des BDA. Düppelstr. 28, 00 Kiel 1
Nr. 114, 116

:höne, Hermann *1894 Hamburg.
todidakt. 1928–1949 in Partnerschaft mit Heinrich Bomhoff, Hamburg. Mitglied des BDA. Nr. 101

:hramm, Jost *1926 Heidelberg.
udium: TH-Braunschweig, TH-Karlsruhe. Dipl.-Ing. In Partnerschaft mit Dipl.-Ing. Pempelfort, von ssewitz und Hupertz, Hamburg. Mitglied des BDA. Mühlenkamp 59, 2000 Hamburg 60   Nr. 201, 212, 220

:hroeder, Rudolf *1897 Wilhelmshaven †1965 Kiel.
idium: TH-Hannover und Stuttgart (bei Schmitthenner). Dipl.-Ing. 1927–1962 bei der Stadt Kiel, zuletzt Leiter des Hochbauamtes.
Nr. 89, 104, 113, 133

:hüler, Willi *1920 Rendsburg.
udium: TH-Braunschweig, Dipl.-Ing. In Partnerschaft mit Dipl.-Ing. Schleiff, Rendsburg. Mitglied des BDA. hleswiger Chaussee 22, 2370 Rendsburg
Nr. 143, 156, 197, 237

:hürer, Wilhelm *1886 Lübeck †1975 Lübeck.
udium: Baugewerkschule Lübeck, TH-Karlsruhe. Früher in Partnerschaft mit Reg.-Baumeister a. D. Grau, beck. Mitglied des BDA.
Nr. 121

:hweinfurt, Otto *1890 Kassel.
udium: Bauschule, Kunstgewerbeschule Akademie Abt. Architektur, Professoren-Atelier. Mitglied des A bis 1948.
Nr. 121

Ibertoff, August *1882 Kellinghusen †1936 Neumünster.
udium: Baugewerkschule Hamburg. 1923–1930 Architekt des Vereins Arbeiterbund in Neumünster. äter freischaffend in Neumünster.
Nr. 90

engelin, Friedrich *1925 Kempten/Allgäu.
idium: TH-München. Dipl.-Ing. In Partnerschaft mit Dipl.-Ing. Ingeborg Spengelin, Hannover. Ordentlicher fessor an der TU-Hannover. Mitglied des BDA. Habichtshorststraße 12 a, 3000 Hannover 51
Nr. 126, 129, 130

engelin, Ingeborg *1923 Pernambuco/Brasilien.
udium: TH-München. Dipl.-Ing. In Partnerschaft mit Prof. Friedrich Spengelin, Hannover. Mitglied des A. Habichtshorststraße 12 a, 3000 Hannover 51
Nr. 126, 129, 130

rotte, Herbert *1904 Breslau †1962.
idium: Akademie der Bildenden Künste in Breslau (bei Endell, Rading und Scharoun). Dipl.-Ing. Früher Partnerschaft mit Peter Neve, Hamburg. Mitglied des BDA.
Nr. 131

Stav, Heinrich *1882 Kiel.
Studium: TH-Darmstadt (bei Putzer). Bis 1942 freischaffend in Kiel, dann in Nieblum.　Nr. 7

Steingräber, Bertram *1940 Stettin.
Studium: RWTH-Aachen. Dipl.-Ing. In Partnerschaft mit Kahlcke, Kiel. Mitglied des BDA. Holtenauer Straß
284, 2300 Kiel 1　Nr. 23

Stoffers, Ernst *1876 Schwerin †1963 Kiel.
Studium: Baugewerkschule Eckernförde, Gasthörer an der TH-Charlottenburg. Seit 1902 freischaffend i
Kiel. Mitglied des BDA.　Nr. 58, 63, 11

Storch, Hinrich *1933 Berlin.
Studium: TH-Braunschweig. Dipl.-Ing. In Partnerschaft mit Dipl.-Ing. Ehlers, Hannover. Mitglied des BD/
Adelheidstraße 18, 3000 Hannover 1　Nr. 17

Striffler, Helmut *1927 Ludwigshafen.
Studium: TH-Karlsruhe. Dipl.-Ing. Ordentlicher Professor für Entwerfen und Gebäudekunde an de
TH-Darmstadt. Mitglied des BDA. Steubenstraße 20−24, 6800 Mannheim 1 − Lindenhof　Nr. 16

Sye, Klaus *1940 Neumünster.
Studium: Fachhochschule Kiel. Angestellter Architekt im Büro Hain und Bülk, Neumünster. Ab 1. 5. 198
in Partnerschaft mit Dipl.-Ing. Hain als freischaffender Architekt. Mitglied des BDA. Holsatenring 9(
2350 Neumünster　Nr. 176, 207, 228, 23

Theede, Johann *1876 Kiel-Ellerbek †1934 Kiel.
Studium: TH-Stuttgart. Freischaffend in Kiel.　Nr. 76, 9

Theissen, Volker *1934 Rheydt.
Studium: TU-Berlin. Dipl.-Ing. Freischaffender Architekt und Stadtplaner. Mitglied des BDA. Ahorr
straße 4, 1000 Berlin 30　Nr. 18

Trautwein, Fritz *1911 Berlin-Charlottenburg.
Studium: TH-Berlin. Dipl.-Ing., Professor. Mitglied des BDA. Borgweg 15 b, 2000 Hamburg 60　Nr. 16

Virck, Friedrich Wilhelm *1882 Malchow/Mecklb. †1926 Lübeck.
Studium: TH-Darmstadt und Charlottenburg. Dipl.-Ing. Tätig in Wiesbaden und Dresden. Seit 191
Regierungsbaumeister bei der Preuß. Bauverwaltung in Köslin und Berlin. Seit 1919 Baudirektor in Lübeck
　Nr. 67, 71, 7

Vogt, Barbara *1922 Stuttgart.
Studium: Kunstgewerbeschule und TH-Stuttgart. Dipl.-Ing. In Partnerschaft mit Dipl.-Ing. Wolfgang Vog
Kiel-Strande. Mitglied des BDA. Bülker Straße 26, 2300 Kiel-Strande　Nr. 127, 15

Vogt, Wolfgang *1919 Görlitz/Schlesien.
Studium: TH-Danzig und Stuttgart. Dipl.-Ing. In Partnerschaft mit Dipl.-Ing. Barbara Vogt, Kiel-Strand
Mitglied des BDA. Bülker Straße 26, 2300 Kiel-Strande　Nr. 127, 15

Voigt, Wilhelm *1857 Slaugaard (Kreis Hadersleben) †1916 Kiel.
Studium: TH-München und Charlottenburg (bei Neureuther, Ende, Schäfer und Otzen). Seit 189
freischaffend in Kiel. 1895 Kirchenbaumeister des Parochialverbandes Kiel.　Nr. 7, 1

Voss, Friedrich *1872 Calvörde (Kreis Helmstedt) †1953 Kiel.
Studium: TH-Braunschweig. Dipl.-Ing., Brückenbauingenieur. 1908−1923 Leiter des Brückenbauamtes fü
den Kaiser-Wilhelm-Kanal. Seit 1923 beratender Ingenieur.　Nr. 33, 3

Zusammenfassung der verschiedenen Objekt-Gruppen mit Angabe der Nummern

Villen, Einfamilienhäuser
4, 5, 9, 14, 26, 30, 35, 38, 51, 69, 82, 85, 104, 106, 114, 118, 142, 146, 159, 167, 182, 183, 187, 189, 207, 211, 218, 224, 228, 230, 234, 238, 240

Bauten des Gewerbes, der Industrie, der Technik und des Verkehrs
7, 12, 20, 27, 33, 34, 39, 45, 55, 57, 58, 63, 66, 73, 87, 91, 93, 97, 105, 119, 134, 137, 144, 149, 154, 179, 190, 199, 203, 209, 226, 231, 235, 236

Schulen, Hochschulen, Institute
8, 16, 22, 25, 32, 37, 42, 43, 53, 54, 60, 64, 77, 92, 100, 103, 113, 115, 124, 130, 132, 143, 147, 150, 151, 155, 156, 169, 175, 184, 185, 188, 189, 195, 215, 219, 223

Kirchliche Bauten
10, 11, 13, 15, 31, 44, 72, 79, 101, 120, 127, 136, 138, 139, 141, 145, 148, 152, 153, 157, 164, 165, 166, 170, 173, 176, 178, 192, 196, 201, 202, 205, 210, 212, 220, 221, 229, 233, 242

Bauten der Verwaltung
23, 29, 36, 40, 41, 47, 50, 52, 56, 61, 62, 65, 74, 76, 81, 89, 96, 122, 123, 125, 129, 140, 158, 162, 163, 177, 181, 193, 197, 206, 213, 214, 222, 237, 241

Sozialbauten, Krankenhäuser, Heime
1, 17, 67, 80, 88, 98, 108, 126, 133, 135, 200, 208, 216, 225, 227, 232

Geschoß-Wohnungsbau
2, 18, 19, 28, 49, 59, 68, 70, 78, 86, 90, 94, 95, 99, 102, 109, 110, 111, 112, 116, 128, 160, 174, 186, 191, 194

Denkmäler, Kulturbauten, Sportbauten
3, 6, 21, 24, 46, 48, 71, 75, 83, 84, 107, 131, 161, 168, 171, 172, 180, 204, 217, 239

Reckert, Franz, Hamburg 222
Remmer, Gerd, Flensburg 155, 235

Schiller, Matthias, Eutin-Neudorf 18

Spacek, Inh. Hoffmann, Husum 222

Steffen, Dieter, Hamburg 167, 211

Sye, Klaus, Neumünster 165

Täubner, Wilfried 215
Troeger, Hamburg 115

Alle übrigen Fotos von den Architekten

Zeichnungsnachweis

Zahlreiche Lagepläne und Risse zeichnete nach älteren Unterlagen Architekt Ing. (grad.) Momme Peterser Bordesholm.

Fehmarn — Karte 134 (Ausschnitt aus der Kreiskarte Ostholstein, 1:100 000). Mit Genehmigung de Landesvermessungsamtes Schleswig-Holstein.

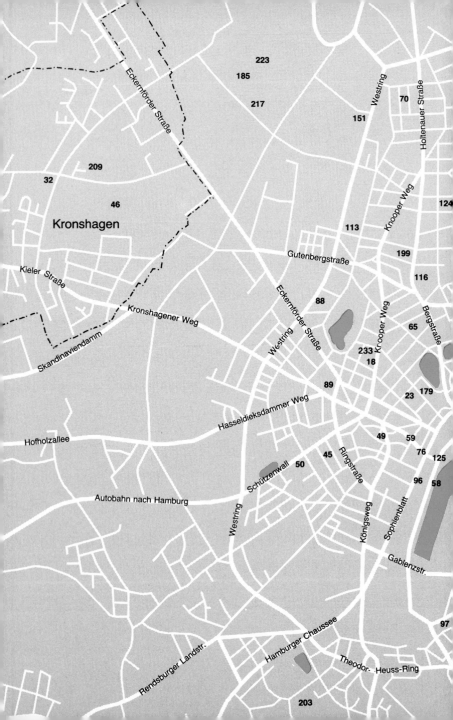

167

Gartenstadt

135

Carlstraße

Rendsburger

Straße

Carlstraße

Rendsburger

Hansaring

139

Böckler
Siedlung

Roonstraße

25

80 Hansaring

99

Wasbeker Straße

90

Wasbeker Straße

Faldera

Holsatenring